有趣的语言

歇后语真好玩

—鹿 琳◎主编—

三辰影库音像电子出版社
北 京

图书在版编目（CIP）数据

有趣的语言. 歇后语真好玩 / 鹿琳主编. — 北京 ：
三辰影库音像电子出版社，2022.8
ISBN 978-7-83000-576-4

Ⅰ．①有… Ⅱ．①鹿… Ⅲ．①汉语－歇后语－儿童读
物 Ⅳ．①H1-49

中国版本图书馆 CIP 数据核字(2022)第 107429 号

有趣的语言. 歇后语真好玩

责任编辑：龙　美
责任校对：韩丽红
出版发行：三辰影库音像电子出版社
社址邮编：北京市朝阳区东四环中路 78 号 11A03，100124
联系电话：（010）59624758
印　　刷：北京云浩印刷有限责任公司
开　　本：880mm×1230mm　1/32
字　　数：186 千字
印　　张：10
版　　次：2022 年 8 月第 1 版
印　　次：2022 年 8 月第 1 次印刷
定　　价：68.00 元（全 4 册）
书　　号：ISBN 978-7-83000-576-4

版权所有 侵权必究

　　语言不仅是交流的工具，也是提升思维、传承文化的载体。目前，一些孩子沉迷于快餐式的语言文化环境，缺少对中华优秀传统文化的深入了解和掌握，灵活运用语言的能力不强，说起话来也总是无词可用。

　　本书精选歇后语、成语、谜语、谚语这四种人们喜闻乐见的语言形式，从不同方面展现出了语言的魅力。这些被历史沉淀下来的"明珠"，或生动活泼，或幽默风趣，或寓意深刻，是孩子们真正需要汲取的"营养"。

　　本书除为孩子们精选了丰富的语言素材，还搭配了全彩精美的插图，并结合对话、小故事、练兵场等趣味性的小栏目，可以使孩子在轻松愉悦的阅读氛围中，积累丰富的语言词汇，逐渐提升语言表达能力和写作能力；也可以使孩子在语言文化的浸润下，积累更多的人生智慧和生活经验。

　　学好语言受益一生，就让我们翻开《有趣的语言》，一起来体验一下语言的无穷魅力吧！

目录

有趣的语言

神话篇

动植物篇

学习篇

趣话歇后语

爸爸，今天在课堂上老师跟我们说，作为中国人，一定要学好汉语。汉语不仅博大精深，还丰富有趣，爸爸，我要考考你啦！

考考我？考什么？

考歇后语哟！老师今天教了我们两个歇后语，可有意思了。

好哇，出题吧！

听好了，"逆水行舟"，下一句是什么？

太简单了，"不进则退"！

"仓颉造字"，下一句是什么？

"马虎不得"。

答对啦！那"百尺竿头"呢？

"更进一步"。哈哈！儿子，你是难不倒爸爸的，因为爸爸知道很多歇后语呢！

哇，爸爸真厉害！爸爸，你快教我一些歇后语，我要让同学们见识一下，他们可考不倒我！

没问题！现在爸爸就教你一些关于读书学习的歇后语，你要好好记呦！"王羲之写字"……

什么意思？

"熟能生巧"。

歇后语集锦

青出于蓝而胜于蓝——后来居上

注释 比喻后人胜过前人或新生事物胜过旧事物。

造句 你们年轻人真是青出于蓝而胜于蓝——后来居上。

逆水行舟——不进则退

注释 逆着水流的方向行船，比喻不进步就要后退。

造句 学习如逆水行舟——不进则退，同学们学习时刻都不能放松。

作家的皮包——里面大有文章

注释 原本指作家的皮包里装有文学作品，比喻事情不简单。

造句 这件事情就像作家的皮包——里面大有文章。

骑着毛驴看书——心不在焉

注释 比喻思想不集中，没有把

心思放在这里。

造句 上课的时候，他总是骑着毛驴看书——心不在焉，也不知道在胡思乱想什么。

仓颉造字——马虎不得

注释 比喻做事不能敷衍了事、疏忽大意。

造句 这件事情是仓颉造字——马虎不得，一定要妥善处理，不然会造成巨大的损失。

十年寒窗中状元——苦尽甘来

注释 比喻只有先经历苦难，才能获得成功。

造句 小明的父母过了半辈子苦日子，今年总算十年寒窗中状元——苦尽甘来了。

孔夫子唱戏——出口成章

注释 比喻人有学问，有才能。

造句 在学习上，只有不断地努力和积累，才能做到孔夫子唱戏——出口成章。

王羲之写字——熟能生巧

注释 比喻做事熟练了就能找到窍门、好办法。

造句 要想在学习上有进步，就必须勤学苦练，要知道王羲之写字——熟能生巧。

孔夫子挂腰刀——文武双全

注释 比喻文才和武艺都很出众。

造句 咱们老师是孔夫子挂腰刀——文武双全，一定要向老师多多学习。

孔夫子教《三字经》——大材小用

注释 《三字经》是我国古代流行的启蒙课本之一。如果让孔子去教授《三字经》，当然是屈才了。比喻用人不当、浪费人才。

造句 杨校长开玩笑说："让你这个大教授来我们小学

当老师，真是'孔夫子教《三字经》——大材小用'了。"

百尺竿头——更进一步

注释 比喻学问、成绩等达到很高程度后继续努力，争取更大进步。

造句 我们必须百尺竿头——更进一步，才能达到目标。

竹筒沉水——自满自足

注释 指对已有的成就或取得的成绩感到满足。

造句 小明，你不要因为这次考试考了第一名就竹筒沉水——自满自足，你要继续努力，再创佳绩呀。

扁担吹火—— 一窍不通

注释 比喻一点儿也不懂。

造句 我只会下跳棋，至于象棋嘛，我可是扁担吹火—— 一窍不通。

小学生看书——念念不忘

注释 小学生看书总是反复朗读书上的内容，直到能够熟记。现指对某人或某事难以忘怀。

造句 尽管已经过去很多年了，爷爷对他的那些老战友依然是小学生看书——念念不忘。

气锤打夯——扎扎实实

注释 夯是打地基用的机械工具。比喻工作实在、踏实。

造句 学习要脚踏实地，一步一个脚印，要做到气锤打夯——扎扎实实，不可急于求成。

暑天里的温度计——直线上升

注释 比喻生活水平或事业不断得到提高、发展。

造句 自从小刘升职加薪后，他的事业就像暑天里的温度计——直线上升。

属窗户纸的——一点就透

注释 形容稍加指点就能明白。

造句 这孩子真聪明，做题又仔细又准确，简直就是属窗户纸的——一点就透。

耗子进书房——咬文嚼字

注释 本指老鼠咬书，现指人说话过分斟酌字句或玩弄词藻。

造句 老王平时没什么大毛病，就是有点儿耗子进书房——咬文嚼字。

孔子拜师——不耻下问

根据《论语》记载，有一次，孔子去太庙参加鲁国国君的祭祖典礼。他一进太庙，就向别人询问祭祖典礼的事，几乎把每个细节都问遍了。当时有人笑他："谁说'邹人之子'（孔子的父亲做过邹县的官员，所以当时有人把孔子称为邹人之子）懂得礼仪？来到太庙什么事都要问！"孔子听了那人的话，回答道："我对于自己不明白的事，必定向别人请教，这恰恰是我知礼的表现！如果明明不知道却假装知道，耻于向别人请教，我就永远不会懂得礼仪。"

　　孔子一生向很多人请教过问题，这其中不乏地位和名声远远不及他的人，但孔子从来不以向这样的人请教为耻。他曾向郯子请教官名，向苌弘学习音律，跟师襄学习操琴。无论对方是什么身份和地位，孔子都不计较，而是虚心地学习他们的长处以弥补自己的不足。

　　后来人们根据孔子的故事，编成了歇后语"孔子拜师——不耻下问"。

歇后语 练兵场

将下面歇后语的前半句和后半句连在一起。

1. 逆水行舟	一窍不通
2. 竹筒沉水	更进一步
3. 扁担吹火	自满自足
4. 小学生看书	不进则退
5. 百尺竿头	念念不忘

自然篇

趣话歇后语

妈妈，爸爸今天给我讲了好多成语故事，有亡羊补牢、画蛇添足、叶公好龙等，每一个成语故事背后都有一个歇后语，妈妈我给你讲讲：亡羊补牢——为时未晚；画蛇添足——多此一举。

儿子，你知道歇后语和成语之间的关系吗？歇后语与成语有着密切的关系。有的歇后语的谜底就是一个成语。成语具有言简意赅的特点，歇后语具有幽默风趣的特点，二者相合，产生了妙趣横生的效果。接下来妈妈考考你。

好哇，出题吧！

听好了，"钱塘江涨大潮"，下一句是什么？

"后浪推前浪"。

"山上的石头"，下一句是什么？

"久经风霜"。

"泰山顶上观日出"，下一句是什么？

我知道！"高瞻远瞩"。

答对啦！"大海里的小船"，下一句是什么？

"风雨飘摇"。

儿子真厉害！

歇后语集锦

山上的石头——久经风霜

注释 比喻见过世面，经受得住考验。

造句 在外奋斗的这几年，他可谓是山上的石头——久经风霜。

山洞里说话——随声附和

注释 比喻没有自己的主见，只知附和别人的意见。

造句 这件事情你必须自己做主，千万不能像在山洞里说话——随声附和。

山谷里说话——一呼百应

注释 比喻一经提议，就有很多人响应。

造句 他总是梦想着自己能够山谷里说话——一呼百应，但很少有人同意他的建议。

湖底的鱼——打不起来

注释 比喻不会起冲突。

造句 我看他们俩可谓是湖底的鱼——打不起来，我们就放心好了。

树上捉鱼——办不到

注释 比喻做事情不切实际。

造句 想问题千万不要钻牛角尖，要不然只能是树上捉鱼——办不到。

蝙蝠看太阳——颠倒黑白

注释 比喻歪曲事实，混淆是非。

造句 小明那种蝙蝠看太阳——颠倒黑白的做法是不对的。

树上的叶子——数不清

注释 比喻数量极多。

造句 早课时清华校园路上的自行车，就好像树上的叶子——数不清。

大海里的一滴水——渺小得很

注释 比喻微不足道，常用作自谦。

造句 相对于宇宙来说，地球简直是大海里的一滴水——渺小得很。

大海里的小船——风雨飘摇

注释 比喻日子过得很艰难。

造句 这样的日子犹如大海里的小船——风雨飘摇，我们更应该团结一心。

高山上的雪莲——一尘不染

注释 高山上的雪莲十分清洁、纯洁。多用来赞美人的品质。

造句 老王从业二十余年，依然是高山上的雪莲——一尘不染。

钱塘江涨大潮——后浪推前浪

注释 后面的波浪不断地推动前面的波浪。比喻新事物代替旧事物，永不停息地向前发展。

造句 随着科技的发展，手机更新换代的速度越来快，真是钱塘江涨大潮——后浪推前浪。

大海退潮——水落石出

注释 本指水位降下去，水底下的石头就会显露出来。现指事情的真相完全暴露出来。

造句 大家都不要慌乱，事情一定会有大海退潮——水落石出的一天，我们要相信公道自在人心。

泰山顶上观日出——高瞻远瞩

注释 比喻目光远大，见识高明。

造句 我们不仅需要掌握时代脉搏，还要从宏观角度规划未来，更要做到泰山顶上观日出——高瞻远瞩。

北极的冰川——顽固不化

注释 指思想跟不上形势的发展，不愿接受新事物。

造句 张师傅的性格就像北极的冰川——顽固不化，谁都拿他没办法。

戈壁滩上找泉水——困难得很

注释 在戈壁滩上找泉水非常困难，指事情的难度非常大。

造句 都一把年纪了，要想学习一门新技术，就如戈壁滩上找泉水——困难得很。

戈壁滩上的黄沙——无穷无尽

注释 戈壁滩在沙漠地区，到处都是看得见的石头和沙子。比喻事情十分明显，很容易发现。

造句 这件事情多简单哪，简直是戈壁滩上的黄沙——无穷无尽，你的思路怎么转换不过来呢？

月光下散步——形影不离

注释 本指影子随时跟着人，现指彼此关系密切，难舍难分。

造句 自从上次共患难以后，他们俩就像月光下散步——形影不离，关系越来越好了。

长江黄河流入海——殊途同归

注释 长江和黄河都流经不同的地区，但最后都汇入了大海这同一个目的地。比喻用不同的方法达到相同的目的。

造句 这道题我们虽然用了不同的方法，但是都得出了正确答案，正所谓长江黄河流入海——殊途同归。

长江涨大水——来势凶猛

注释 比喻声势浩大的样子。

造句 敌人就像长江涨大水——来势凶猛，我们要拿出家伙好好地招待他们。

竹篮打水——一场空

注释 比喻徒劳无功。

造句 他处心积虑地谋划，结果还是竹篮打水——一场空。

晴天盼下雨——没指望

注释 比喻希望渺茫，没有盼头。

造句 小何从来不认真学习，这次考试，肯定是晴天盼下雨——没指望了。

九曲黄河万里沙——转弯抹角

注释 本指道路的艰难和曲折。形容说话办事不直截了当，绕弯子。

造句 老李讲话一向九曲黄河万里沙——转弯抹角，同事们很难理解他的用意。

天上的星星——数不清

注释 形容数量极多。

造句 草原上到处是牛和羊，就像天上的星星——数不清。

西天出太阳——反常

注释 本指太阳应从东方升起，却从西方升起，现指事情跟正常情况不同。

造句 你竟然来这么早，真是西天出太阳——反常。

八月桂花开——到处飘香

注释 比喻香气散开，也比喻名声广为流传。

造句 李师傅为人热情，待人和善，帮助了很多人，也受到了大家的欢迎，他的名声可谓八月桂花开——到处飘香。

井中捞月——一场空

森林里有一口古井，一群猴子经常在井边玩耍。一天晚上，一只小猴子偶然往井里看了一眼，发现了一件不得了的事，小猴子立刻嚷嚷起来："大家快来呀，月亮掉到井里了！"大家立刻围了过来，七嘴八舌地讨论该怎么办。

老猴子说："你们别嚷嚷了，赶紧想办法把月亮捞上来吧！"

井旁边有一棵大槐树，猴子们爬了上去。老猴子最先跳到树上，它头朝下倒挂在树上，别的猴子也一只跟着一只，你抱着我的腿，我钩住你的头，头朝下挂成一长串，一直挂到井中。因为小猴子最轻，所以被挂在最下边。

"嘿！这下我们应该能把月亮捞上来了。"猴子们高兴地想。

小猴子将手伸进井水里，对着明晃晃的月亮一把抓过去，但除了抓住几滴水珠外，什么也没有抓到。水面刚一平静，月亮又在水里出现了，小猴子只好继续抓。

老猴子感到很累，它抬起头看了一下天空，忽然发现天上挂着一轮又大又圆的月亮，于是大声说："别捞了，别捞了，月亮还在天上呢！"

猴子们一只接一只地回到了地面，大家一起抬头看着天空，小猴子挠挠头说："哦，井里的原来是月亮的倒影啊，我们真是白忙一场。"

歇后语练兵场

帮方框里的词语找到正确的家。

来势凶猛　顽固不化　久经风霜　一尘不染

1. 山上的石头——

2. 北极的冰川——

3. 高山上的雪莲——

4. 长江涨大水——

器

物

篇

趣话歇后语

儿子，学习歇后语既可以开发思维能力，还可以体会汉语的博大精深。歇后语不仅让语言更加生动活泼、幽默诙谐，还是人类智慧的结晶，具有浓郁的生活气息，并因短小、风趣、形象的特点广受人们喜爱。接下来爸爸考考你，检查一下你最近有没有用功学习。

来吧，我等着接招呢！

听好了："缝纫店里做衣服"，下一句是什么？

我想想，裁缝做衣服都是按顾客的尺寸做的，我知道啦，量体裁衣！

"鞋底上抹油"，下一句是什么？

"溜之大吉"。

答对啦！那"秋后的扇子"呢？

"无人过问"。哈哈！爸爸你是难不倒我的！

"趁热打铁"，下一句是什么？

"正在火候上"。

儿子真厉害！

爸爸，你看那里有个亭子，我们去休息一下吧。

没问题！

歇后语集锦

裤带系在脖子上——记（系）错了

注释 比喻记忆错误。

造句 你是不是裤带系在脖子上——记错了，我没有说过这样的话。

鞋底上抹油——溜之大吉

注释 指人悄悄地溜走。

造句 感觉事情不妙，他便想要鞋底上抹油——溜之大吉。

缝纫店里做衣服——量体裁衣

注释 比喻按照实际情况办事。

造句 盖什么房子，用什么材料，这就好像缝纫店里做衣服——量体裁衣一样。

趁热打铁——正在火候上

注释 比喻时机正好。

造句 老师刚讲完这篇课文，我要抓紧背下来，正所谓趁热打铁——正在火候上。

打铁的分家——另起炉灶

注释 原本的意思是另外支起炉灶。现比喻放弃原来的，重头做起。

造句 底稿丢失了，现在只能是打铁的分家——另起炉灶了。

铁匠绣花——软硬功夫都有

注释 比喻用得着的本事都会。

造句 他跟着师父学了一身本领，现在已是铁匠绣花——软硬功夫都有了。

肩上戴帽子——矮了一头

注释 帽子应该戴在头上。指个子比别人低。也指在某方面和别人有差距。

造句 他由于自身的缺陷，又加上过度自卑，每次和别人在一起，总觉得自己是肩上戴帽子——矮了一头。

大年初一借袍子——不识时务

注释 在古代，过年时男子要穿长袍。指人不了解当前的情势或潮流。

造句 你这个人真是大年初一借袍子——不识时务，看不清楚如今的形势。

打了的鱼缸——四分五裂

注释 形容分裂成很多块，不完整、不团结。

造句 如果咱们自己不团结，就像打了的鱼缸——四分五裂，岂不是要让别人嘲笑！

先穿鞋子后穿袜——乱套

注释 套在这里是双关语，本指穿的动作，转指规矩和方法。比喻乱了次序或事情混乱。

造句 你为什么做事情每次都是先行动，然后再制订计划呢？你这不是先穿鞋子后穿袜——乱套了吗？

扳手拧螺丝帽——丝丝入扣

注释 形容人说话或写文章逻辑严密，表达准确。

造句 这篇文章写得真是扳手拧螺丝帽——丝丝入扣，非常深入人心。

木匠的折尺——能屈能伸

注释 折尺是一种能折叠起来的木尺，既能弯曲也能伸直。比喻人能够在逆境中忍受委屈，也能在顺境中施展抱负。

造句 大丈夫要像木匠的折尺——能屈能伸，只有这样才能做成大事。

打翻的五味瓶——酸甜苦辣咸样样俱全

注释 形容人心情极其复杂，难以平静。

造句 刘老师望着许久未见的好友，心里面就像打翻的五味瓶——酸甜苦辣咸样样俱全。

秋后的扇子——无人过问

注释 比喻没人搭理，被弃置一旁。

造句 至于那个受伤的官差，就像秋后的扇子——无人过问了。

积木搭高楼——一碰就倒

注释 指基础不牢固或结构不稳定。

造句 学习应该踏踏实实，一步一个脚印，千万不能积木搭高楼——一碰就倒。

火钳子修手表——没处下手

注释 本指火钳太大，没办法修手表，现指事情复杂，无处下手。

造句 老张工作干到一半就撂挑子了，剩下的全部归我了，真是火钳子修手表——没处下手。

掩耳盗铃——自欺欺人

注释 指做事既欺骗自己，也妄想欺骗别人。

造句 你这种做法无疑是掩耳盗铃——自欺欺人，欺骗不了大家。

穿新鞋走老路——因循守旧

注释 穿的是新鞋，走的路还是旧的。指按过去的经验、方法办事，缺乏创新精神。

造句 那位酒店的经理是一个穿新鞋走老路——因循守旧的人，所以他经营的酒店效益一直不好。

掩耳盗铃——自欺欺人

春秋时期，晋国世家赵氏灭掉了范氏。有人听说这个消息，便跑到范氏家，想趁乱偷点儿东西。谁知范氏家所有值钱的东西都被洗劫一空，小偷特别懊恼自己没有早点来。这时，他发现院中柴堆里露出一片亮光，便走了过去，扒开柴火一看，原来是一口大钟。他上下打量了一番，断定这口大钟是用上等的青铜铸成的，造型和图案十分精美。他喜出望外，想把这口大钟背回家里。可是那钟又大又高，沉甸甸的，怎么也挪不动。他想来想去，想到了一个好办法，那就是把钟砸碎了，然后再搬回家去。

　　他从院里找来一把大铁锤，抢起铁锤拼命地朝大钟砸去，大钟发出的巨响把他吓了一大跳。他一时慌了神，很害怕别人听见了钟声跑来，于是赶紧用双手捂住自己的耳朵，心想，这下没人听见钟声了。这才放手砸起了钟，这样一下一下，钟声传到了很远的地方。人们听到钟声蜂拥而至，把小偷捉住了。

　　后来人们把这个故事编成了歇后语掩耳盗铃——自欺欺人。

歇后语 练兵场

请你在下面标颜色的地方填上适当的服饰器物名称。

1. _____ 上抹油——溜之大吉

2. 大年初一借 _____ ——不识时务

3. 打了的 _____ ——四分五裂

4. 打翻的 _____ ——酸甜苦辣咸样样俱全

人
物
篇

趣话歇后语

同学们，今天我们来到了博物馆，所看到的珍贵文物都是历史留给我们的财富。历史留给我们的不仅有文物和经典书籍，还有无穷无尽的知识和智慧。阅读历史，不仅能增长见识，陶冶情操，开阔眼界，还能学到很多成语呢！如一鼓作气、马到成功等。这些成语还和歇后语有关哟！

我知道"佘太君挂帅——马到成功"这个歇后语。

"曹刿论战———鼓作气"！

老师我也知道一个！"王羲之看鹅——专心致志"！

很好，看来同学们课下都做了功课呢！其实，还有很多有趣又好玩的成语歇后语呢，如"郭橐驼种树"，你们猜猜下一句是什么？

"因地制宜"。

"范进中举"的下一句你们知道吗?

"乐疯了"。

"韩信点兵",下一句是什么?

"多多益善"。

"项庄舞剑",下一句是什么?

"意在沛公"。

不错,同学们真棒!

歇后语集锦

楚霸王种蒜——栽到家了

注释 比喻彻底失败，倒霉到极点。

造句 我一出门就遇见这么多麻烦事，真是楚霸王种蒜——栽到家了。

老包断案——脸黑心不黑

注释 老包是宋代清官包拯，戏曲中常以黑脸出现。比喻人面是恶的，但心是善良的。

造句 你的叔叔就像人家讲的那样老包断案——脸黑心不黑，只是你不了解他的脾气，他是很善良的一个人，以后有什么事情，你可以去找他。

高力士给李白脱靴——万般无奈

注释 指迫不得已，一点儿办法都没有。

造句 在对方的威逼利诱之下，小天感觉高力士给李白脱靴——万般无奈，勉强答应了对方的要求。

韩信点兵——多多益善

注释 比喻数量越多越好。

造句 这项活动举办得非常成功，希望这样的活动如韩信点兵——多多益善。

秦桧杀岳飞——罪名莫须有

注释 形容无中生有，罗织罪名。

造句 狐狸指责小兔去年说它的坏话，简直是秦桧杀岳飞——罪名莫须有，当时小兔还没有出生呢。

曹刿论战——一鼓作气

注释 比喻趁劲头足的时候一下子把事情干完。

造句 每天最好都如曹刿论战——一鼓作气地写完作业。

高俅当太尉——一步登天

注释 形容地位提升很快，有小人得志的意思。含贬义。

造句 做事情要脚踏实地，不能想着高俅当太尉——一步登天。

王羲之看鹅——专心致志

注释 比喻做事专心致志，坚持到底。

造句 王老师是一位德高望重的前辈，他向来是王羲之看鹅——专心致志地从事着教学工作。

佘太君挂帅——马到成功

注释 《杨家将》记载，佘太君是北宋名将杨业之妻，佘太君以百岁高龄挂帅出征，打败了入侵中原的西夏。形容工作很快就取得成功。

造句 只要事前做好充足的准备，一定会佘太君挂帅——马到成功。

扁鹊开药方——手到病除

注释 扁鹊是战国时期的名医。形容医术高明，也比喻工作能力强，解决问题迅速。

造句 孙医生医术高明，帮助很多病人恢复了健康，大家都夸他是扁鹊开药方——手到病除。

卢生享荣华——黄粱美梦

注释 比喻荣华富贵如梦一场，短促而虚幻。

造句 一味地空想而不行动，沉溺于梦想的摇篮里，终究是卢生享荣华——黄粱美梦。

郭橐驼种树——因地制宜

注释 根据当地具体情况，采取合适的措施。

造句 农业生产应郭橐驼种树——因地制宜，不能盲目地跟风，生搬硬套。

范进中举——乐疯了

注释 形容高兴到了极点。

造句 听到儿子考上大学的消息，父亲就像范进中举——乐疯了。

韩信打赵国——背水一战

注释 比喻面临绝境，为求得出路而做最后一次努力。

造句 最后一轮比赛我们要是再不努力，可就真没机会了，只能韩信打赵国——背水一战了。

塞翁失马——焉知非福

注释 比喻一时虽然受到损失，也许反而能因此得到好处。也指坏事在一定条件下可以转变为好事。

造句 失去那份工作真的是塞翁失马——焉知非福，我找到了更喜欢的工作。

李义府为人——笑里藏刀

注释 形容人外貌和善而内心阴险狠毒。

造句 做人一定要光明正大，千万不能李义府为人——笑里藏刀。

项庄舞剑——意在沛公

注释 《史记》记载，项庄拔剑起舞表演，其实是想借机杀掉刘邦。比喻行动表面上看来没什么，其实暗中另有目的。

造句 他的所作所为是项庄舞剑——意在沛公，表面上冲着你来，其实是在针对我。

淳于尊享富贵——南柯一梦

注释 比喻空欢喜一场。

造句 直到今天，她才意识到往日的一切不过是淳于尊享富贵——南柯一梦罢了。

庞涓斗孙膑——败定

注释 比喻没有神算，败局已定。

造句 比赛快结束了，我们还落后十分，看来这场比赛我们是庞涓斗孙膑——败定。

塞翁失马——焉知非福

从前，在西北某个要塞附近，住着一个老翁。一天，他家的马找不到了。附近的人知道后，都来安慰他。

老翁却笑着对大家说："丢失了一匹马，没准儿会是一件好事呢。"

过了几个月，发生了一件出乎意料的事：丢失的马回来了，还带回来一匹高大的骏马。附近的人知道了，纷纷前来道贺，并认为老翁先前讲的话很有道理。

不料，老翁忧虑地说："丢失的马回来了，还带回来一匹马，这不一定是件好事，没准儿会惹来麻烦。"大

家听了，匪夷所思：这老翁太怪了，明明是件好事，怎么又想到坏事呢？

老翁的话又讲对了。他儿子很喜爱那匹骏马，经常骑着它，结果不慎从马上摔下来，摔断了腿。

附近的人都上门慰问。老翁又说："摔断了腿，却保住了性命，或许是福气呢。"

不久，塞外的匈奴大举入侵。青壮年必须应征入伍，老翁的儿子因为摔断了腿，没有被征召入伍，因而保全了性命。

歇后语练兵场

将下面的歇后语用线连起来。

1.高俅当太尉	多多益善
2.卢升享荣华	意在沛公
3.韩信点兵	一步登天
4.项庄舞剑	黄粱美梦

名著篇

趣话歇后语

同学们，阅读文学名著，不仅能增长见识，陶冶情操，还能知道历史上很多有趣的人物。你们知道唱空城计的是谁吗？景阳冈打虎的又是谁？大闹天宫的又是谁？

我知道，诸葛亮唱的空城计。

我知道，武松打虎。

我知道，孙悟空大闹天宫。

那老师提问一个歇后语。"刘备对孔明"，下一句是什么？

"言听计从"。

同学们很积极，老师继续提问："刘姥姥进大观园"，下一句是什么呢？

"眼花缭乱"。

很好，看来同学们对名著里的人物很了解呀。其实，关于名著还有很多有趣又好玩的歇后语，如"孙悟空碰着如来佛"，你们猜猜下一句是什么？

"无计可施"。

"无能为力"。

"逃无可逃"。

不错，同学们都很有想法，而且已经接近正确答案了。下面，老师就带你们来学习一下名著里隐藏的歇后语。

歇后语集锦

关公失荆州——骄兵必败

注释 骄傲轻敌的军队必定会打败仗。

造句 小明成绩一向很好，但这次期中考试才勉强及格，他无奈地说："唉，关公失荆州——骄兵必败呀！"

关公降曹操——人在曹营心在汉

注释 形容人虽然在对立的一方，但心里想着自己原来所在的一方。比喻坚守节操，忠贞不二。

造句 苏武出使匈奴被扣压，但他一直想着故国，真是关公降曹操——人在曹营心在汉。

张飞战马超——不相上下

注释 比喻两人情况差不多，分不出上下。

造句 这两个人的棋艺简直是张飞战马超——不相上下。

张飞绣花——粗中有细

注释 《三国演义》记载，张飞是蜀汉的一员猛将，性情鲁莽，却能做绣花的精细活。比喻人外表粗鲁，待人做事却很细心。

造句 老王在生活中总是毛手毛脚的，但在工作中却有条不紊，看来他是张飞绣花——粗中有细呀。

孔明借箭——满载而归

注释 比喻带着满意的收获胜利归来。

造句 今天我钓到了很多鱼，真是孔明借箭——满载而归呀！

鲁肃上了孔明的船——稀里糊涂

注释 比喻对事情不明原委，糊里糊涂。

造句 做事情一定要认真仔细，千万不能鲁肃上了孔明的船——稀里糊涂的。

曹操败走华容道——不出所料

注释 比喻对事情的估计很准确。

造句 麻袋塞得太满，果然曹操败走华容道——不出所料，扛到半路裂开了。

刘备借荆州——有借无还

注释 指不讲信用，一旦借走就不归还。常含讥讽意味。

造句 下次不要再借钱给他，否则就是刘备借荆州——有借无还。

刘备摔阿斗——收买人心

注释 比喻用虚假的行为笼络人心。

造句 声望是通过自己的努力打拼出来的，不是靠刘备摔阿斗——收买人心得来的。

刘备对孔明——言听计从

注释 比喻一切都听从对方的安排。也比喻对某个人非常信任。

造句 大哥是个很有智慧的人，我们对他一向是刘备对孔明——言听计从。

司马懿破八阵图——不懂装懂

注释 明明不知道，却装出很懂的样子。

造句 上课时，小明经常司马懿破八阵图——不懂装懂，因此受到了老师的批评。

黄忠射箭——百发百中

注释 黄忠是三国时期蜀国的著名将领，武艺超强，特别擅长射箭。形容箭术高超，每次都命中目标，也比喻做事有充分把握，绝不落空。

造句 在篮球比赛中，刘刚投篮的命中率很高，真是黄忠射箭——百发百中。

林黛玉的性子 —— 多愁善感

注释 《红楼梦》记载，林黛玉的身体娇弱，性格多愁善感。形容人感情脆弱，容易忧愁、感伤。

造句 小美的性格是林黛玉的性子——多愁善感，因此她特别喜欢优美伤感的诗词。

刘姥姥进大观园——眼花缭乱

注释 形容眼睛因看到纷繁复杂的事物而感到迷乱。

造句 这里的小饰品种类真多，让我有点儿刘姥姥进大观园——眼花缭乱。

孙悟空守桃园——自食其果

注释 比喻自己做了坏事，自己遭受损害或惩罚。

造句 别再欺骗别人了，否则你总有孙悟空守桃园——自食其果的一天。

孙悟空碰着如来佛——毫无办法

注释 比喻摆脱不了现实或身处的某种状况。

造句 对于师父的脾气，我可是孙悟空碰着如来佛——毫无办法。

唐僧上西天——一心取经

注释 本指唐僧去西天拜佛求经，转喻学习先进人物或单位的经验。

造句 今天我们一行人来到省医院，是唐僧上西天——一心取经，请大家多多指教。

宋江的绰号——及时雨

注释 《水浒传》记载，梁山好汉的首领宋江有个绰号叫及时雨。比喻能在关键时刻解决困难。

造句 我正愁没人帮我呢，你能来真是宋江的绰号——及时雨哇！

（接上页）

林冲上梁山——官逼民反

注释 比喻处境极困难，找不到出路。

造句 太平天国起义说到底是林冲上梁山——官逼民反，这也是封建统治腐败的结果。

鲁智深倒拔垂杨柳——好大的力气

注释 形容人能力强，力量大。

造句 小明费了鲁智深倒拔垂杨柳——好大的力气完成了这部作品，最后他也如愿以偿，得到了比赛的奖励。

杨志卖刀——忍痛割爱

注释 忍着痛苦割弃自己所喜爱的东西。

造句 这本书是我最喜欢的，既然姐姐也喜欢，那我只好杨志卖刀——忍痛割爱了。

卢俊义上梁山——不请自来

注释 比喻不需要邀请，自己就会来。

造句 王母娘娘举办蟠桃宴，没有邀请孙悟空，可他卢俊义上梁山——不请自来，胡闹了一番。

孙二娘开店——进不得

注释 指设有圈套，不能上当。

造句　这家饭店饭菜又贵，又不卫生，真是孙二娘开店——进不得。

歇后语小故事

孔明借箭——满载而归

三国时期，曹操率大军征讨东吴，孙权、刘备联合抗曹。孙权手下有位大将叫周瑜，智勇双全，被孙权任命为大都督，统率三军。周瑜十分妒忌诸葛亮的才干，在商讨军事时故意提出让诸葛亮在十天内赶制十万支箭，哪知诸葛亮只要三天，还立下军令状，完不成任务甘愿受罚。周瑜想："三天不可能制造出十万支箭，正好利用这个机会来除掉诸葛亮。"于是他一方面叫军匠们不要把制造箭的材料准备齐全，另一方面叫鲁肃去探听诸葛亮的虚实。

鲁肃见了诸葛亮，诸葛亮说："这件事要请你帮忙，希望你能借给我二十只船，每只船配置三十名军士，船要用青布幔子遮起来，还要准备一千多个草把，分别排在船两边。不过，这事一定要守口如瓶，千万不能让周瑜知道。"

　　鲁肃答应了，并按诸葛亮的要求把东西准备齐全。两天过去了，不见诸葛亮有什么动静。到第三天夜里，诸葛亮秘密地请鲁肃到船上去，说是去取箭，鲁肃很纳闷儿。

　　诸葛亮吩咐人把船用绳索连起来，向河对岸开去。那天江上大雾弥漫，对面看不见人。当船靠近曹军水寨时，诸葛亮命船一字排开，又命令士兵摇旗呐喊。曹操以为对方来进攻，又因雾大怕中埋伏，就派六千名弓箭手朝江中放箭，雨点般的箭纷纷射在草把上。过了一会儿，诸葛亮又下令将船掉过头来，让另一面受箭。

　　太阳出来了，雾散了，诸葛亮下令船往回开。这

时船两边的草把上密密麻麻地插满了箭，每只船上至少五六千支，总共超过十万支。鲁肃把借箭的经过告诉周瑜，周瑜感叹地说："诸葛亮神机妙算，我不如他。"

歇后语 练兵场

请将下列人物对号入座。

A.孔明　B.杨志　C.关公　D.张飞

1. [　　] 借箭　　—— 满载而归

2. [　　] 失荆州　　—— 骄兵必败

3. [　　] 绣花　　—— 粗中有细

4. [　　] 卖刀　　—— 忍痛割爱

神话篇

趣话歇后语

同学们，神话传说是一个民族和国家宝贵的精神财富，在文学史上具有重要的地位。丰富多彩的神话，充实了人们的精神生活。老师要考考你们关于神话传说的歇后语，"八仙过海"的下一句是什么？

"各显神通"！

那"何仙姑回娘家"的下一句呢？

"云里来雾里去"！

"牛郎约织女"，下一句是什么？

"后会有期"。

很好，看来难不倒同学们呢！老师既然提问同学们了，你们要不要问问老师呢？

好哇，老师我要出题啦！"狗咬吕洞宾"的下一句是什么？

"不识好人心"。

"八仙吹喇叭"，下一句是什么？

"神气十足"。

答对啦。"玉皇大帝做媒"，下一句是什么？

"天作之合"。

哇！老师真厉害！

歇后语集锦

盘古的斧头——开天辟地

注释 古代神话中说盘古氏开天辟地，从此才有人类。后来用"开天辟地"比喻有史以来。

造句 共产党的诞生，就是盘古的斧头——开天辟地的大事。

牛郎约织女——后会有期

注释 比喻以后有见面的时候（用在分别时安慰对方）。

造句 今天大学毕业了，就让我们牛郎约织女——后会有期。

狗咬吕洞宾——不识好人心

注释 比喻做事分辨不出好坏。

造句 我经常帮助他，他还经常说我坏话，真是狗咬吕洞宾——不识好人心。

愚公移山——非一日之功

注释 比喻坚持不懈地改造自然或坚定不移地进行斗争。

造句 看来做好这件事真是愚公移山 —— 非一日之功啊。

玉皇大帝做媒——天作之合

注释 常用来祝福新婚男女的幸福生活。也指关系十分友好的朋友。

造句 这对新人郎才女貌，真是玉皇大帝做媒—— 天作之合。

八仙过海——各显神通

注释 比喻做事各有各的一套办法。也比喻各自拿出本领互相竞赛。

造句 对于明天的比赛，大家八仙过海——各显神通吧，加油。

八仙吹喇叭——神气十足

注释 八仙是古代神话中的八位神仙，包括汉钟离、张果老、吕洞宾、铁拐李、韩湘子、曹国舅、蓝采和、何仙姑。形容摆出一副自以为高人一等或非常了不起的样子。含贬义。

造句 他取得一点儿成绩就开始骄傲自满，简直是八仙吹喇叭——神气十足，真让人受不了。

八仙聚会——有说有笑

注释 传说中的八仙云游回来后，聚在一起，十分高兴。形容大家欢聚一堂，说说笑笑的场景。

造句 过年了，漂泊在外的游子回到了家乡，老老少少欢聚一堂，可谓八仙聚会——有说有笑，十分热闹。

何仙姑回娘家——云里来雾里去

注释 何仙姑是八仙里唯一的女仙，她回娘家自然要腾云驾雾，云里来雾里去了。比喻来路不清或不知道是怎么一回事。

造句 考试时，卷子刚发下来小刚就像何仙姑回娘家——云里来雾里去，真后悔考试前没有认真复习。

铁拐李走独木桥——够呛

注释 铁拐李，八仙之一，他跛脚，拄拐杖，本来行动就不方便，如果让他走独木桥，当然是够呛了。用以表示困难太大，难以克服。

造句 要在两个月内修建一座高楼大厦，我看是铁拐李走独木桥——够呛。

申公豹的嘴——搬弄是非

注释 据《封神演义》记载，申公豹心胸狭窄，喜欢挑拨离间，制造矛盾。形容把别人的话传来传去，有意挑拨，或在背后乱加议论，引起纠纷。

造句 你那帮朋友不干好事，只会申公豹的嘴——搬弄是非，希望你能离他们远一点。

小鬼遇着张天师——落网了

注释 张天师又叫张道陵，是天师道的创始者，后来民间称张道陵为张天师，据说他善于捉鬼。本指小鬼被降服了，转指罪犯被抓获了。

造句 经过大家的努力，这个逍遥法外的犯罪分子终究还是没有逃脱法律的制裁，可算是小鬼遇着张天师——落网了。

白素贞斗法海 —— 精打光

注释 "精"指的是蛇精白素贞，"光"指的是秃头和尚法海，因此二人相斗是精打光。形容一点儿都不剩。

造句 一夜之间一场大火把这片园林烧成了灰烬，真是白素贞斗法海——精打光。

闻太师回朝——脸上贴金

注释 比喻有意地夸耀、美化自己或他人。含贬义。

造句 小美这个人喜欢闻太师回朝——脸上贴金，时常标榜自己，令大家十分反感。

姜子牙算卦——好准

注释 传说姜太公料事如神，能掐会算。比喻判断十分准确。

造句 你说晚上要下雨，没想到竟然应验了，真是姜子牙算卦——好准。

太上老君叫蛇咬——法尽了

注释 比喻毫无办法。

造句 面对卖不出去的产品，销售人员总是抱怨，连老板也是太上老君叫蛇咬——法尽了。

歇后语小故事

愚公移山——非一日之功

很久很久以前，在冀州的南面、河阳的北面有两座大山，一座叫太行山，一座叫王屋山，山高万丈，方圆七百里。

在山的北面，住着一位叫愚公的老汉。他家的大门正对着这两座大山，他们一家人出门得绕着走，很不方便。

有一天，他召集了全家老小，对他们说："这两座大山挡住了我们的去路，咱们一起努力，把它们挖掉，开出一条直通豫州的大道，好不好？"

大家都很赞同，只有他的妻子提出疑问："你都这么大年纪了，哪里还有力气挖得动这样的大山呢？就算挖得动，像太行、王屋这么高大的山，挖出来的那些石头、泥土往哪里送呢？”

大家说：“这好办，把泥土、石块扔到渤海边上就行了！”

第二天，愚公就带领全家老小动工了。愚公的邻居是个寡妇，她有一个七八岁的儿子，刚刚换完乳牙，也蹦蹦跳跳地前来帮忙。挖下的土石，大家结队运往渤海。去渤海的路很远，他们去的时候穿着棉袄，回来时已是穿单衣的季节了。

黄河边上住着一个老汉，这人很精明，人们叫他智叟。他看到愚公他们一年到头辛辛苦苦地挖山运土，觉得很可笑，就去劝告愚公：“你这个人可真傻，这么大岁数了，还能活几天？用尽你的力气，也不可能把大山移开呀！”

愚公深深地叹口气说：“我看你这人自以为聪明，其实是顽固不化，还不如寡妇和小孩儿呢！不错，我是活不了几

年了，可是，我死了还有儿子，儿子又生孙子，孙子又生自己的儿子，子子孙孙，世世代代，无穷无尽。可是这两座山却不会再长高了，我们为什么不能把它们挖平呢？"

听了这些话，智叟无话可说，灰溜溜地走了。

山神知道了这件事，担心愚公一直挖下去，就去向天帝报告。没想到，愚公的精神把天帝感动了，他派了两个大力神下凡把两座大山背走，一座放到朔方的东边，一座放到雍州的南边。从此以后，冀州的南面、河阳的北面就没有高山阻挡了。

歇后语 练兵场

帮下面的人物找到正确的家。

何仙姑	八仙	姜子牙	愚公

1. _____ 过海——各显神通

2. _____ 移山——非一日之功

3. _____ 回娘家——云里来雾里去

4. _____ 算卦——好准

动植物篇

趣话歇后语

爸爸，今天上课的时候我学了好多动植物类的歇后语，今天班里还举办了歇后语比赛，我受益匪浅呢。爸爸，你来考考我吧！

好哇，我出的歇后语你要是能够全部答对，爸爸送你一个小奖品，好不好？

好哇！出题吧！

听好了，"亡羊补牢"，下一句是什么？

太简单了，"为时未晚"！

"黄鼠狼给鸡拜年"，下一句是什么？

"没安好心"。

"没根的浮萍"，下一句是什么？

"无依无靠"。

答对啦！那"螃蟹过河"呢？

"七手八脚"。

儿子真厉害！竟然考不倒你。走，咱们回家看看妈妈做什么好吃的了。

爸爸，我还知道几个歇后语呢。

快给爸爸说一说。

"旱鸭子过河——不知深浅""对牛弹琴——白费劲"。

歇后语集锦

飞蛾扑火——自取灭亡

注释 比喻所作所为把自己引上绝路。

造句 有些人知法犯法，这无异于飞蛾扑火——自取灭亡。

黄鼠狼给鸡拜年——没安好心

注释 比喻利用时机或手段为个人谋取私利。

造句 你这是黄鼠狼给鸡拜年——没安好心，我才不信你说的话呢。

叶公好龙——口是心非

注释 嘴里说得很好，心里想的却是另一套。比喻心口不一致。

造句 做人千万不能叶公好龙——口是心非，喜欢就是喜欢，不喜欢就是不喜欢。

快刀斩乱麻——干净利索

注释 比喻干干脆脆、不拖泥带水地解决问题。

造句 形势十分紧急，只有快刀斩乱麻——干净利索，才能解决问题。

千里送鹅毛——礼轻情意重

注释 比喻礼物虽轻却情意深重。

造句 妈妈大老远来给我送一件衣服，真是千里送鹅毛——礼轻情意重。

挂羊头卖狗肉——言行不一

注释 比喻说的和做的不一样。

造句 这些"网上医生"挂羊头卖狗肉——言行不一，看病是假，卖药是真。

亡羊补牢——为时未晚

注释 羊丢了后就去修理羊圈还不算晚。比喻出了问题以后想办法补救，可以防止继续受损失。

造句 学习中若出现了问题，我们一定要及时补救，起码亡羊补牢——为时未晚。

旱鸭子过河——不知深浅

注释　比喻对情况不了解，心里没底。

造句　以他的水平还去参加比赛，简直是旱鸭子过河——不知深浅。

井里的蛤蟆——没见过大世面

注释　蛤蟆生活在井底，不知道天有多大。比喻孤陋寡闻，阅历浅薄。

造句　你这个人真是井里的蛤蟆——没见过大世面，你还这么年轻，应该多去外面的世界看一看。

对牛弹琴——白费劲

注释　比喻对不讲道理或愚蠢的人讲道理，通常是做无用功。也讥讽说话不看对象。

造句　你跟他父亲讲这些，还不是对牛弹琴——白费劲。

给老虎医病——提心吊胆

注释 比喻在极危险的处境下做事，免不了担惊受怕。

造句 交卷以后，我就像给老虎医病——提心吊胆的，真不知道考试成绩下来后，会怎么样？

螃蟹过河——七手八脚

注释 本指螃蟹足多，现指人多手杂，动作杂乱无章。

造句 这件事情幸亏有你来帮忙，我们五个人可是螃蟹过河——七手八脚，不知道要弄到什么时候呢！

没根的浮萍——无依无靠

注释 比喻人处于孤独状态，没有可依靠的人。

造句 自从小彭的爷爷去世了，他们家就剩他一个人了，他成了没根的浮萍——无依无靠。

热锅上的蚂蚁——团团转

注释 形容人心中焦急、烦躁，坐立不安的样子。

造句 小郑的作业本丢了，急得像热锅上的蚂蚁——团团转。

草原上的苇子——靠不住

注释 比喻某人不可靠或不值得信任。

造句 出门在外，不要轻易相信别人，因为有的人就像草原上的苇子——靠不住。

歇后语小故事

叶公好龙——口是心非

春秋时期，楚国有个叫叶公的人，他爱龙成癖，身上佩带的钩剑、凿刀等武器上都饰有龙纹，家里的梁柱、门窗上都雕刻着龙，墙上也画着龙，叶公好龙的名声传遍四方。

天上的真龙听说人间有这么一位喜欢自己的人，便决定下凡去看看他。

这天叶公正在午睡，突然电闪雷鸣，风雨大作，把熟睡的叶公惊醒了。叶公睁开双眼，只见一条龙从窗口伸进头来，叶

公吓得魂飞魄散，急忙向里屋逃窜。逃进里屋，他又看见一条硕大无比的龙尾横在面前，挡住了去路。叶公吓得面如土色，一头钻进床底下，半天不敢出来。

龙感到莫名其妙，失望地飞走了。

原来，叶公并不是真的喜欢龙，他所喜欢的不过是似龙非龙的东西而已。

将下面的歇后语补充完整。

1.亡羊补牢——

2.旱鸭子过河——

3.给老虎医病——

4.没根的浮萍——

5.草原上的苇子——

参考答案

学习篇

1. 逆水行舟——不进则退
2. 竹筒沉水——自满自足
3. 扁担吹火——一窍不通
4. 小学生看书——念念不忘
5. 百尺竿头——更进一步

自然篇

1. 久经风霜
2. 顽固不化
3. 一尘不染
4. 来势凶猛

器物篇

1. 鞋底
2. 袍子
3. 鱼缸
4. 五味瓶

人物篇

1. 高俅当太尉——一步登天
2. 卢升享荣华——黄粱美梦

3. 韩信点兵——多多益善
4. 项庄舞剑——意在沛公

名著篇

1. A
2. C
3. D
4. B

神话篇

1. 八仙
2. 愚公
3. 何仙姑
4. 姜子牙

动植物篇

1. 为时未晚
2. 不知深浅
3. 提心吊胆
4. 无依无靠
5. 靠不住

有趣的语言

成语
真有意思

—鹿　琳◎主编—

三辰影库音像电子出版社
北　京

图书在版编目（CIP）数据

有趣的语言. 成语真有意思 / 鹿琳主编. — 北京 ：
三辰影库音像电子出版社，2022.8
ISBN 978-7-83000-576-4

Ⅰ. ①有… Ⅱ. ①鹿… Ⅲ. ①汉语－成语－儿童读物
Ⅳ. ①H1-49

中国版本图书馆 CIP 数据核字(2022)第 107430 号

有趣的语言. 成语真有意思

责任编辑：龙　美
责任校对：韩丽红
出版发行：三辰影库音像电子出版社
社址邮编：北京市朝阳区东四环中路 78 号 11A03，100124
联系电话：（010）59624758
印　　刷：北京云浩印刷有限责任公司
开　　本：880mm×1230mm　1/32
字　　数：186 千字
印　　张：10
版　　次：2022 年 8 月第 1 版
印　　次：2022 年 8 月第 1 次印刷
定　　价：68.00 元（全 4 册）
书　　号：ISBN 978-7-83000-576-4

版权所有 侵权必究

　　语言不仅是交流的工具，也是提升思维、传承文化的载体。目前，一些孩子沉迷于快餐式的语言文化环境，缺少对中华优秀传统文化的深入了解和掌握，灵活运用语言的能力不强，说起话来也总是无词可用。

　　本书精选歇后语、成语、谜语、谚语这四种人们喜闻乐见的语言形式，从不同方面展现出了语言的魅力。这些被历史沉淀下来的"明珠"，或生动活泼，或幽默风趣，或寓意深刻，是孩子们真正需要汲取的"营养"。

　　本书除为孩子们精选了丰富的语言素材，还搭配了全彩精美的插图，并结合对话、小故事、练兵场等趣味性的小栏目，可以使孩子在轻松愉悦的阅读氛围中，积累丰富的语言词汇，逐渐提升语言表达能力和写作能力；也可以使孩子在语言文化的浸润下，积累更多的人生智慧和生活经验。

　　学好语言受益一生，就让我们翻开《有趣的语言》，一起来体验一下语言的无穷魅力吧！

目录

品德修养篇

趣话成语

同学们，成语是我们中华传统文化的瑰宝，很多成语都是从古代传承下来的，经过长时间的使用精练而成的短语，成语比普通的词语含义更丰富。那么，你们都知道哪些成语呢？

老师，我知道"举一反三""望梅止渴"！

老师，我知道"一鸣惊人""滥竽充数"！

老师，我知道"刻舟求剑""邯郸学步"！

我只知道"东南西北"，这算成语吗？

很好，同学们积累的成语真不少，我们学习的成语除了有民间俗语外，还有书本记载的故事和典故，比如你们知道"三顾茅庐"背后的故事和其中的主人公吗？

主人公是刘备！

这是刘备三请诸葛亮的故事！

还有诸葛亮。

哇，这么厉害呀，我一个都不知道。

不知道没有关系，今天这节课我们要学的就是有关人的品德修养的成语和它们背后的故事。

视死如归

成语小故事

春秋初期，齐桓公欲任命管仲为相，于是他问管仲革除积弊、复兴经济的方针大计。管仲回答说："开垦土地，发展生产，我不如宁越，请派他去管理经济；能审时度势，礼仪娴熟，我不如隰(xí)朋，请派他去负责外交事宜；不计较个人富贵名利，敢直言进谏，我不如东郭牙，请派他主管监察；整肃军队，打仗英勇，战鼓一鸣，使全军将士毫不畏惧，一直英勇挺进，把死看成回家一样，我不如王子成父，请派他去管理军队；断案英明，我不如弦章，请派他去管理司法。您如果

想治国强兵，有这五个人就足够了。若您还想称霸天下的话，那么，还有我管仲在这里。"

齐桓公听了管仲的话后，依照他的意见，分派了这五个人的官职。这五个人果然在自己的职位上干得很出色。

成语小课堂

注释 归：回去。把死看作像回家一样。多指为了革命、正义而勇于牺牲自己的生命。

造句 面对敌人的屠刀，杨开慧大义凛然，视死如归。

接龙 视死如归→归心似箭→箭不虚发→发扬光大→大功告成→成人之美→美中不足→足智多谋

三顾茅庐

成语小故事

东汉末年，刘备为了成就大业，到处访求人才。经多方打听得知，隐居在襄阳城西二十里隆中的诸葛亮，住茅庐草棚，耕作自养，精研史书，是个杰出人才。于是，刘备专程到隆中拜访。

诸葛亮得知刘备要来拜访他，故意避而不见，以至于刘备两次扑空。第三次拜访时，诸葛亮正在睡觉，刘备不敢惊动他，一直等到诸葛亮醒来，才彼此坐下交谈。

诸葛亮深为刘备"三顾茅庐"的诚意所打动，遂与刘备共同探讨时局，分析形势，设计如何夺取政权、统一天下，并答应了刘备的请求，离开隆中一展自己的政治抱负。

此后，诸葛亮成为刘备的主要谋士，帮助刘备东联孙吴，北伐曹魏，占据荆、益两州，建立蜀汉政权，形成与东吴、曹魏三国鼎立的局面。

成语小课堂

注释 东汉末年，刘备为了请诸葛亮出来帮助他打天下，曾三次到诸葛亮的茅庐中拜请。后比喻诚心诚意地登门拜访或邀请某个人。

造句 新任厂长为了提高产品质量，三顾茅庐，去请专家协助。

接龙 三顾茅庐→庐山真面→面目全非→非亲非故→故步自封→封妻荫子→子曰诗云→云行雨施

程门立雪

成语小故事

程颢和程颐两兄弟都是宋代极有学问的人。进士杨时为了丰富自己的学问，毅然放弃了高官厚禄，来到河南颍昌拜程颢为师，并虚心向他求教。程颢死后，杨时已经四十多岁，但他仍然认为自己的学识不够，于是又跑到洛阳去拜程颢的弟弟程颐为师。

有一天，杨时和他的朋友游酢（zuò）一块儿去拜见程颐，不巧程老先生正在闭目养神。二人求师心切，便恭恭敬敬地侍立一旁，静静等候。

过了好长时间，程颐才慢慢睁开眼睛，他见杨时、游酢站在旁边，非常吃惊，说道："原来你们两位还在这儿！现在天色已晚，雪又这么大，你们赶快回去休息吧！"此时门外的雪已经积了一尺多厚，而杨时和游酢并没有表现出一丝疲倦和不耐烦的神情。

成语小课堂

注释 程：指宋代理学家程颐；立雪：在雪中侍立。形容尊师重道，虔诚求教。

造句 他为了提高自己的技术，以程门立雪的精神向老师傅请教。

接龙 程门立雪→雪上加霜→霜气横秋→秋水伊人→人定胜天→天经地义→义无反顾→顾影自怜

脚踏实地

司马光是北宋时期著名的政治家、史学家。宋神宗时，他受命主编《资治通鉴》，在编写过程中，经常忙得废寝忘食。他怕睡的时间过长而耽误工作，还特地做了一个圆木"警枕"，目的是不让自己睡得太安稳，以

便早点儿起床写作。后来，他在多位学者的协助下，花了十九年时间，完成了《资治通鉴》全书。这部书从战国记载到五代，是一部内容丰富、具有极高史学价值的著作。

司马光勤奋刻苦的治学态度，得到了人们普遍的赞扬。有一次，司马光问邵雍："您认为我是怎样的一个人呢？"邵雍捋了捋胡子，笑着说："你是一个脚踏实地做学问的人。"

邵雍是有名的哲学家，他对司马光的称赞足以证明司马光严谨、认真的治学态度。

成语小课堂

注释 比喻做事踏实，实事求是，不浮夸。

造句 我们学习时要脚踏实地，不要幻想自己会一步登天。

接龙 脚踏实地→地老天荒→荒淫无道→道听途说→说三道四→四海升平→平心静气→气壮山河

两袖清风

成语小故事

　　于谦是明朝时期著名的政治家、军事家和诗人。二十几岁时，他考中进士，被授予监察御史之职。他才华出众，深受明宣宗赏识，被破格提拔为山西、河南巡抚。虽然官职很高，但于谦依然过得很俭朴，从不讲究吃穿。

　　明宣宗驾崩以后，九岁的太子朱祁镇继承皇位，史称明英宗。宦官王振利用皇帝年少无知在朝

廷里作威作福，大臣们都称他为"翁父"。于谦很反感王振专擅朝政，对他的态度很不好。为此，王振非常嫉恨于谦。

当时朝政腐败，贪污成风，贿赂公行。外省的官员进京朝见皇帝或来京办事，都要从老百姓那里搜刮许多土特产献给皇上和朝中权贵，否则事情将很难办成。于谦在外担任巡抚准备回京时，身边的人都建议他买些当地的绢帕、线香、麻菇之类的东西孝敬权贵。于谦笑着甩了甩两只宽大的袖管，风趣地说："我就只有两袖清风！"他以此来讽刺那些阿谀奉承的贪官。

后来，于谦作了一首七绝诗《入京》：

绢帕麻菇与线香，本资民用反为殃。

清风两袖朝天去，免得闾阎话短长。

成语小课堂

注释　原指迎风潇洒的姿态。后比喻做官非常廉洁。

造句　民族英雄于谦，他为官多年，一直保持着两袖清风、清正廉洁的高尚节操。

接龙　两袖清风→风趣横生→生财有道→道尽途穷→穷山恶水→水涨船高→高风亮节→节衣缩食

开诚布公

成语小故事

三国时期，蜀国的丞相诸葛亮是一个很有智谋的军事家和政治家，他对蜀主刘备非常忠心，深得刘备的信任和重用。刘备临终前将诸葛亮叫到身边，说："你的才能是曹丕的十倍，是不可多得的治国安邦的人才。我就将刘禅托付给你了，如果我的儿子能辅佐就辅佐，如果他实在不成器，那就不要顾及情面，你可以取而代之！"

刘备死后，刘禅即位。诸葛亮用尽全力来辅佐刘禅治理国家，可是生性懦弱无能的刘禅整天只知吃喝玩乐，根本没有心思去理朝政。尚书令李严见状，劝诸葛亮进爵称王，不料诸葛亮非常严肃地对他说："先帝将刘禅托付给我，是对我的信任，他如此器重我，让我做丞相，我怎能在讨伐曹魏大事还未成功之时，就妄自加官晋爵？如此我岂不成了不忠不孝之人？"

诸葛亮治国治军一向以理服人，大公无私。参军马谡是他非常器重的一位将军，二人的感情也非常好。但马谡指挥不当，导致街亭失守，诸葛亮严守军规，挥泪将他斩首。马谡在行刑前给诸葛亮上书说："虽死无恨于九泉。"

街亭的失守，导致赵云、邓芝也在箕谷吃了败仗，诸葛亮承担了指挥不当的责任，主动上书连降三级，降为右将军。他还主动要求下属给他指出缺点和错误。他相信，只要认真吸取经验和教训，那么"事可定，胜利可望"。

公元234年，诸葛亮由于积劳成疾，病死在军中。他一生清贫，没有给自己的家人和后代留下任何产业。

《三国志》的作者陈寿说诸葛亮"开诚心，布公道"，就是对他一生的总结。

成语小课堂

注释 开诚：敞开胸怀，显示诚意；布公：公正无私地相告。指真诚相待，坦白无私。

造句 大家有什么问题一定要开诚布公地提出来。

接龙 开诚布公→公而忘私→私相授受→受制于人→人杰地灵→灵机一动→动手动脚→脚不点地

不为五斗米折腰

成语小故事

晋代的陶渊明是我国最早的田园诗人。他一生不慕荣华富贵，独爱清静闲散的田园生活。

后来，他为了养家糊口，不得不来到离家乡不远的彭泽当县令。这年冬天，浔阳郡太守派出一名督邮到彭泽县来体察民情。这次派来的督邮，是个粗俗又傲慢的人，他刚到彭泽的驿舍，就差县吏去叫县令来见他。

陶渊明是个蔑视功名富贵、不肯趋炎附势的人，他根本瞧不起这种假借上司名义发号施令的督邮，于是他未穿官服就吩咐动身出发。

县吏连忙拦住陶渊明说："大人，参见督邮要穿官服，束大带，不然有失体统，督邮要是趁机大做文章，会对大人不利的！"

陶渊明听后，长叹一声，道："我不能为五斗米向乡里小人折腰！"

说罢，他取出官印，把它封好，又立刻写了一封辞官信，辞去了彭泽县令的职务，回家务农去了。

成语小课堂

注释 五斗米：指微薄的官俸；折腰：弯腰，指下拜行礼。指为人清高，有骨气。

造句 他这个人贪图名利，不为五斗米折腰的精神早就被他忘了。

接龙 不为五斗米折腰→腰缠万贯→贯穿今古→古色古香→香草美人→人之常情→情不自胜→胜利在望

明察秋毫

成语小故事

孟子是战国时期著名的大思想家。一天，他来到齐国，齐宣王向他询问如何能够统一天下。孟子没有正面回答，而是讲述了用道德的力量来统一天下的问题。齐宣王不解地问道："什么样的道德可以统一天下？"

孟子回答说："能令百姓的生活安定，天下就能统一，这是什么力量都抵御不了的。"

"像我这样的国君，能够使百姓安定吗？"

"可以！"

"你是凭什么得知的呢？"

孟子对齐宣王说："您不忍杀一头发抖的牛，而下令改用一只羊来代替，这样的善心就足以统一天下了。百姓不知道您是不忍心，都认为您吝啬，不过您也不必为百姓说您吝啬而感到不平，他们怎么能体会到您是出于仁爱呢？其实从屠宰来说，杀一头牛和杀一只羊，又有什么区别呢？"

孟子接着说："假若有人向大王报告说，'我力大无穷，可举起三千斤重的东西，却拿不动一根羽毛；我能看清秋高气爽的天空中飞鸟新生的羽毛，却看不见眼前的一车柴草'。您相信吗？"

"当然不能相信。"齐宣王马上回答。

"所以说您的好心能使禽兽沾光，却不能令百姓得到实惠。这是什么原因呢？其实，举不起一根羽毛，是没用力气的缘故；没见到一车柴草，是视而不见的缘故。同理，百姓没有得到安定的生活，是您不愿施恩惠的缘故。所以，您不用道德来统一天下，只是您不愿这样做，而不是不能这样做。"

成语小课堂

注释 察：观察；秋毫：秋天鸟兽身上新长的细毛，比喻极微小的东西。目光敏锐，能够看清极其细微的东西。形容洞察一切。

造句 狄仁杰办案能够明察秋毫，不放过任何蛛丝马迹，他不会冤枉一个好人，也不会放过一个坏人。

接龙 明察秋毫→毫发未伤→伤风败俗→俗不可耐→耐人寻味→味同嚼蜡→蜡丸帛书→书生之见

成语练兵场

一、我会连。用线将下面的成语或短句连起来。

不入虎穴	有备而来
一人得道	万夫莫开
一夫当关	焉得虎子
三顾茅庐	鸡犬升天

二、下面的成语都缺了第一个字和第三个字，这两个字都是数字。现在请你补全这些成语吧。

⬤ 上 ⬤ 下   ⬤ 面 ⬤ 刀

⬤ 言 ⬤ 鼎   ⬤ 教 ⬤ 流

⬤ 光 ⬤ 色   ⬤ 湖 ⬤ 海

三、将下列成语填入括号中，组成完整的句子。

徒有虚名　　神魂颠倒　　道听途说

1. 不信谣不传谣，不要轻易相信（　　）的消息。

2. 这个外国品牌的鞋子质量并不好，只是（　　）。

3. 不知道这本书有什么魔力，能让他看得（　　）。

勤奋学习篇

趣话成语

爸爸，今天语文课老师教了我们好多成语故事，我才知道原来成语这么有意思，不仅用字精练、含义丰富，而且它们背后还有历史故事和典故，我记住了好多，爸爸我要考考你！

爸爸当年是语文课代表呢，你要考我什么？

就考成语故事的主人公！

好哇，出题吧！

第一题，"不耻下问"的主人公是谁？

孔子。这个成语故事教人不懂的事情就要大胆去问。

厉害呀，那"脚踏实地"呢？

司马光啊，太简单了。儿子，你是难不倒我的，爸爸可是知道很多成语故事呢！

那爸爸你快教教我！我想多学几个，明天去考我的同学们。

当然可以，但是你一定要多学多记，学习最重要的就是勤奋，你得有牛角挂书的精神。

"牛角挂书"是什么意思？

一边放牛一边读书学习，形容学习非常刻苦。

23

囊萤映雪

成语小故事

晋代车胤从小好学，但因家境贫寒，家人无法为他提供良好的学习条件，甚至连买灯油的钱都没有。车胤眼睁睁看着晚上的大好时光溜走，心里非常着急。

夏天的一个晚上，车胤正在院中乘凉，忽然见许多萤火虫在低空中飞舞，一闪一闪的光点在黑暗中显得有些耀眼。他突然心中一亮：如果把许多萤火虫集中在一起，不就成为一盏灯了吗？于是，他去找了一个白布口袋，又抓了几十只萤火虫放在里面，扎住袋口，然后吊在桌前。虽然不怎么明亮，但可以看到书上的字。从此，只要有萤火虫，车胤就去抓一袋来当灯用。由于他勤学苦读，后来终于功成名就。

孙康的家境也异常贫苦，同样为无钱买灯油读书而苦恼。一天半夜，孙康从睡梦中醒来，突然发现窗缝里透进一丝光亮。原来是外面下了厚厚一层雪。

为何不借用雪光来看书呢？这么一想，孙康倦意顿失，立即穿好衣服，取出书籍，来到屋外。广阔的大地上映出的雪光比屋里要亮多了。孙康不顾寒冷，立即认真地看起书来。

此后，每逢有雪的晚上，他都不放过这个好机会，孜孜不倦地读书。这种苦学的精神，促使他的学识日渐精进，最后他终于成为饱学之士。

成语小课堂

注释 用萤火虫照明读书，借着雪光读书。形容勤学苦读。

造句 古人囊萤映雪的学习精神，值得我们学习。

接龙 囊萤映雪→雪窖冰天→天各一方→方寸已乱→乱臣贼子→子虚乌有→有板有眼→眼高手低

牛角挂书

成语小故事

　　隋朝人李密年少时就很聪明。有一次，隋炀帝看见他，就对宇文述说："刚才站在旗下那个黑脸盘的小孩儿是谁？"宇文述回答说："那个小孩儿是蒲山公李宽的儿子，叫李密。"隋炀帝接着说："那个小孩儿的眼神与一般人的不一样，不要让他在我面前转来转去了。"

　　后来，李密当上了宿卫。宇文述见到他，说："你这

么聪明，应该通过你的才学来取得官位，不应该再干宿卫这样的工作了。"李密听了宇文述的话后，就辞去工作，专心读书。

李密有很强的上进心，他打听到缑（gōu）山有一位名士包恺，就前去求学。

李密骑上一头牛出发了。牛背上铺着用蒲草编的垫子，牛角上挂着一部《汉书》。李密一边赶路一边读《汉书》中的《项羽传》，正巧越国公杨素看到了，他骑着快马从后面赶上来，勒住马赞扬他："这么勤奋的书生真是少见哪！"李密回过头来一看是越国公，就赶紧从牛背上跳下来行礼。一老一少在路边交谈起来，李密谈吐不俗，杨素深深感到他与众不同。后来，李密成了隋末农民起义队伍瓦岗军的首领。

成语小课堂

注释 牛角上挂着书，一边放牛，一边读书。形容勤苦好学。

造句 他小时候就牛角挂书，十分好学，以后一定会有出息。

接龙 牛角挂书→书不尽言→言谈举止→止戈为武→武艺超群→群策群力→力排众议→议论纷纷

废寝忘食

春秋末年，孔子常常带着他的弟子到各诸侯国游说。有一次，他们来到了楚国的叶邑。

叶邑大夫沈诸梁热情地接待了孔子。沈诸梁对孔子本人并不十分了解，于是向孔子的学生子路打听孔子的为人。

子路虽然跟随孔子多年，但一时却不知该怎么回答，就没有作声。

后来，孔子知道了这件事情，就对子路说："你应该

这样告诉他：孔子专心努力学习而不厌倦，甚至忘记了吃饭；津津于授业传道，而从不担忧受贫受苦；爱好学问，甚至忘记了自己的年纪。"

成语小课堂

注释 寝：睡觉；食：吃饭。顾不上睡觉，忘记吃饭。形容专心致志地干某一件事情，连吃饭、睡觉都顾不上了。

造句 姐姐废寝忘食地努力学习，终于以优异的成绩考上了心仪的大学。

接龙 废寝忘食→食不下咽→咽苦吐甘→甘苦与共→共商国是→是非曲直→直截了当→当仁不让

闻鸡起舞

成语小故事

晋代的祖逖是一个有远大抱负和胸怀坦荡的人，但他小时候却是个不喜欢读书的淘气孩子，长大之后，他意识到自己学问浅薄，明白只有多读书才能为国家效力，于是开始发愤读书。他阅读了大量的书籍，刻苦学习历史，掌握了很多有用的知识，他的学问大有长进。他曾多次来到京都洛阳，和他接触过的人都说，以祖逖的才学足以辅佐君主治理国家。祖逖二十四岁的时候，曾有人推荐他去朝廷做官，他拒绝了，仍然坚持读书。

后来，祖逖和儿时的好友刘琨一同担任司州主簿。他与刘琨的感情相当好，经常同住一屋，而且他们俩都怀着共同的理想，那就是为国效力，振兴晋国，成为国之栋梁。

一天夜里，正在熟睡的祖逖听到了公鸡的叫声，他把刘琨叫醒，问他："你听到鸡叫了吗？"刘琨说："半

夜鸡叫是不吉利的征兆。"祖逖说："我不这样认为。要不这样，以后如果听见鸡叫我们就起床练剑，如何？"刘琨同意了祖逖的建议。之后每天听见鸡叫后他们就起床练剑，剑光飞舞，剑声铿锵。不管严寒酷暑，还是风雨交加，他们从来没有间断过。功夫不负有心人，他们经过长期的努力训练和学习，终于成了文武全才，不但文章写得好，还能带兵打仗。最终祖逖做了镇西将军，实现了他为国效力的愿望；刘琨则做了征北中郎将，兼管冀、幽、并三州的军事，他的才能也得到了发挥。

成语小课堂

注释 听到鸡叫就起来舞剑练武。形容有志之士及时奋发努力。

造句 你要是想练好书法，就必须有闻鸡起舞的精神，发愤努力。

接龙 闻鸡起舞→舞文弄墨→墨守成规→规求无度→度日如年→年深日久→久负盛名→名副其实

凿壁偷光

成语小故事

汉朝有一个叫匡衡的人，他从小就非常喜欢读书，可是由于家里穷，点不起灯，晚上无法学习。

匡衡的邻居是一户有钱的人家，他们家每天晚上都灯火通明。看到从邻居家透过来的余光，匡衡想到了一个好办法。他偷偷地在墙壁上凿了一个小洞，这样，邻居家的亮光就透了过来，匡衡勉强借着这微弱的亮光读书。

成语真有意思

匡衡渴望读书，但是凭他家的条件，根本买不起书，于是他到处向有钱人家借书。一天，匡衡发现有一户财主家里堆放着许多书。于是他去请求财主，只要能借给他书看，他可以白白给财主干活儿，不要一文钱。财主非常高兴地答应了他。于是匡衡白天给财主干活儿，晚上尽情地读书。多年以后，匡衡终于成为一个很有学问的人。

成语小课堂

注释 凿穿墙壁以借邻家的光亮。形容勤学苦读。

造句 作为学生，我们一定要用凿壁偷光的精神去学习。

接龙 凿壁偷光→光辉灿烂→烂醉如泥→泥塑木雕→雕龙画凤→凤凰于飞→飞黄腾达→达人知命

胸有成竹

成语小故事

北宋时期，有位著名的画家叫文与可。他画的竹子远近闻名，每天都有不少人登门求画。

　　文与可画竹的妙诀在哪里呢？原来，文与可在自己家的房前屋后种了各种各样的竹子，无论春夏秋冬、阴晴风雨，他经常去竹林观察竹子的生长变化情况，琢磨竹枝的长短粗细，叶子的形态、颜色。日积月累，竹子在不同季节、不同天气、不同时辰的形象都深深地印在他的心中，只要凝神提笔，在画纸前一站，平日观察到的各种形态的竹子就会立刻浮现在眼前。所以每次画竹，他都显得非常从容自信，画出的竹子，无不逼真传神。

　　当人们夸奖他的画时，他总是说："我只是把心中的竹子画下来罢了。"

诗人晁补之对文与可的画很有研究，曾经写过一首诗，其中有两句："与可画竹时，胸中有成竹。"

成语小课堂

注释 画竹子前心中已有竹子的形象。比喻做事之前心中已有充分的考虑。

造句 考试前，小明做好了充分的准备，胸有成竹地进了考场。

接龙 胸有成竹→竹柏异心→心安理得→得一望十→十拿九稳→稳扎稳打→打抱不平→平淡无奇

锲而不舍

成语小故事

荀子，名况，战国末期赵国人，是我国古代著名的思想家。他反对天命，不信鬼神，认为大自然的运行是有规律的，人的力量可以制伏天；并主张因地制宜，使天时为农业服务，发挥人的才能，促使万物增长变化。这些见解在当时是非常有进步意义的。

荀子又是一位有名的教育家。他写过一篇名叫《劝学》的文章，运用许多确切的比喻，来劝导人们坚持不懈地认真学习。其中许多理论精辟透彻，富有启发性。

荀子用镂刻金石来比喻学习要持之以恒，坚持不懈。他写道："刻一下就停下手来，烂木头也刻不断；不停地刻下去，即使是坚硬的金属和石头，也可以把它们刻穿。"

成语小课堂

注释 锲：刻；舍：放弃，停止。不断地镂刻下去。比喻持之以恒，坚持不懈。

造句 虽然他打球经常输，但他还是锲而不舍地坚持练习。

接龙 锲而不舍→舍生忘死→死去活来→来龙去脉→脉络分明→明辨是非→非亲非故→故弄玄虚

成语练兵场

一、请在下列每行成语中圈出与其他成语词义相反的一个。

前功尽弃　　持之以恒　　愚公移山

绳锯木断　　因噎废食　　锲而不舍

铁杵成针　　水滴石穿　　半途而废

二、二十四节气想必每个人从小就熟记在心，请你在下面每行的空格内填出准确的节气，将成语补充完整。

金鸡独 ⬤　　⬤ 色满园

事无大 ⬤　　⬤ 城风雨

亭亭玉 ⬤　　⬤ 高气爽

因小失 ⬤　　⬤ 往寒来

三、下列各句中，成语使用不正确的一项是（　　），正确的成语应该是（　　　　）。

A. 我们在大学期间是最好的朋友，可如今已天各一方。

B. 不管记者提出怎样刁钻的问题，发言人总能对答如流。

C. 他们两个是多年的好朋友，彼此重义轻生。

奇妙想法篇

趣话成语

同学们，我们已经学过一些形容词类的成语了，初步地了解了成语及其故事。其实成语不仅有形容词类，还有专门的成语典故。这些成语典故还有引申和比喻意义，是成语中很重要的一种。

这么厉害呀！

没错，典故就是成语形成的故事或传说，学习成语典故的同时还可以知道很多有趣的故事呢！比如，你们听说过"守株待兔"吗？

听说过！

讲的是一个人等兔子撞在树上的故事！

真棒！"守株待兔"这个典故告诉我们不要坐享其成。像这样有意思的成语典故可多着呢！你们知道"刻舟求剑"这个典故想告诉我们什么吗？

遇到事情要动脑子想一想，不能刻板拘泥。

要根据实际情况灵活处理问题。

东西丢了要及时根据当时的情况做出正确的判断才能找到。

同学们都很有想法，接下来我们要学习的就是有关古人奇思妙想的成语，大家一起去看看吧。

守株待兔

相传宋国有个农夫，一天，他在田里干活时，忽然看到有只野兔从远处跑过来，只见野兔狂奔乱闯，一头撞在田边的树桩上，当场毙命。

农夫高兴极了，他捡起死兔，带回家美美地饱餐了一顿。

从此以后，农夫就再也不下地干活了。他整日坐在那个树桩边，等待着再次发生野兔撞树桩而死的事。

一天，两天……十天，农夫一天到晚，守着树桩等着奇迹的出现。一个月过去了，农夫始终没有等到第二只撞树桩的野兔，而田里的庄稼却荒芜了。

农夫竟然把偶然当作必然，不惜放下农具，任其耕田荒芜，他的这种行为很快被当作笑话传遍宋国，大家纷纷嘲笑他的愚蠢。

成语小课堂

注释 株：露出地面的树木的根和茎。比喻死守狭隘的经验，不知变通。也比喻妄想不通过主观努力而侥幸得到意外的收获。

造句 守株待兔只会让机会擦肩而过，只有不断主动争取，成功才会属于自己。

接龙 守株待兔→兔死狐悲→悲天悯人→人定胜天→天之骄子→子虚乌有→有口无心→心安神泰

刻舟求剑

成语小故事

战国时，楚国有个人坐船渡江。船行至江心时，他一不小心把随身携带的一把宝剑掉落江中。他赶紧去抓，可是已经来不及了。

船夫对此感到非常惋惜，但这个楚国人似乎胸有成竹，他马上掏出一把小刀，在船舷上刻了一个记号，并对船夫说："这是宝剑落水的地方，所以我要刻上一个记号。"

船靠岸后，楚人立即从船上刻记号的地方跳下水，去捞取掉落的宝剑。捞了半天，也不见宝剑的影子。他觉得很奇怪，自言自语地说："我的宝剑不就是从这里掉下去的吗？我还在这里刻了记号呢，怎么会找不到呢？"

这时，船夫大笑起来，说："船一直在行进，而你的宝剑却沉在水底不动，你怎么找得到呢？"

成语小课堂

注释 求：寻找。剑落水时在船帮上刻上记号，船停后，从刻记号的地方下水去找。比喻办事刻板、拘泥而不知变通。

造句 你用老方法解决新问题，和刻舟求剑有什么不同？

接龙 刻舟求剑→剑胆琴心→心灵手巧→巧取豪夺→夺人所好→好事之徒→徒有虚名→名垂千古

买椟还珠

成语小故事

春秋时期，楚国有一个珠宝商准备带一批珠宝到郑国去卖，为了吸引买者，他决定在包装上下一番功夫。

首先，他选了一些上等的木料，做成式样新颖的木匣，用名贵的香料把匣子熏得香喷喷的。然后在匣子外面雕刻上精致的玫瑰花纹，四周还镶嵌了许多玉石和翡翠。他想，把珠宝放在这样的匣子里，就可以轻轻松松地卖个好价钱了。

于是，这个珠宝商满怀希望地来到了郑国。他选了一条最热闹的街市来展示他的珠宝。果然不出所料，很快有许多人围拢过来观看。珠宝商看到这么多客人，心中暗暗高兴。

这时，一个衣着华丽的人来询问价格，珠宝商报价后，那人便付了钱，珠宝商高兴地将木匣递给了他。可那人竟打开木匣，将匣中的珠宝尽数还给了珠宝商。之后，便一边赞叹一边抚摸着木匣走了。

成语小课堂

注释 椟：木匣；还：退回；珠：珍珠。买下匣子，而把匣子里的珍珠归还卖主。比喻没有眼光，不识货，取舍不当。

造句 我们在学习时，如果只学表面而不去理解其中的道理，无异于买椟还珠。

接龙 买椟还珠→珠光宝气→气喘如牛→牛鬼蛇神→神采飞扬→扬长而去→去粗取精→精兵简政

滥竽充数

成语小故事

战国时期的齐宣王十分喜欢听吹竽，他经常让很多人合奏。为了满足齐宣王的要求，大臣们就四处搜罗可以吹奏竽的乐工，凑齐了一支三百人的吹竽乐队。被挑选进乐队的乐师，都受到了齐宣王特别优厚的款待。这时一个叫南郭先生的人打起了主意。南郭先生整天游手好闲、不务正业，在听说齐宣王有听吹竽的嗜好后，就想混进乐队。于是他想尽办法，终于见到了齐宣王，他向齐宣王吹嘘自己的吹竽本领很强，很快博得了齐宣王的欢心，加入了乐队。

其实南郭先生根本就不会吹竽。每当乐队为齐宣王吹奏的时候，他就混在队伍里，装模作样，跟着别的乐师，摇头晃脑，东摇西摆。

他学得很像，又因为是上百人一起吹奏，齐宣王也分辨不出谁不会吹竽。这样，南郭先生在乐队里混了好几年，他不但没有被发现，还领到了一份非常优厚的赏赐，生活也有了很大的改善。

齐宣王死后，他的儿子齐湣王继位。齐湣王同样喜欢听吹竽，但不同的是，他不喜欢听合奏，而只喜欢听人单独吹竽。

南郭先生听到这个消息后，十分慌张，整天都心神恍惚。他心想："这回麻烦了，丢掉饭碗是小事，要是背上个欺君的罪名，那么小命也要丢了。"所以，在齐湣王叫他演奏之前，他就灰溜溜地逃走了。

成语小课堂

注释 竽：形状像笙的古乐器。比喻没有真才实学的人混在行家队伍中充数。也比喻以假的冒充真的，以次的冒充好的，或表示自谦，说自己水平不够，只是凑数而已。

造句 有些奸商会用假货滥竽充数以欺骗消费者。

接龙 滥竽充数→数一数二→二三其德→德高望重→重于泰山→山清水秀→秀外慧中→中庸之道

竭泽而渔

成语小故事

　　春秋时期，楚国为了称霸中原，不断地向中原扩张，先后控制了黄河流域的曹、卫、陈、蔡、郑等诸侯国，只有宋国不肯亲楚而投靠了晋国。楚成王十分恼火，于是命大将子玉统率三军，包围了宋国的都城商丘。

　　宋成公一时被困，只好向晋文公求援。晋文公将国舅狐偃召来商议对策，狐偃建议他救援宋国。

晋文公有些犹豫，他说："我们的势力恐怕不及楚军，要想战胜他们可不是一件容易的事啊！"狐偃回答说："我听说善于打仗的人不厌欺诈。如果我们用欺诈的方法，定能打败楚军。"

晋文公对此还是有所顾忌，于是又将大臣雍季召来商议对策。雍季十分反对采用欺诈的方法，他说："有一个人想要捉池塘里的鱼，于是他将池塘里的水都弄干了，这样，他捉到了很多鱼，但从此以后，池塘里再也没有鱼了。用欺诈的方法和弄干池塘里的水抓鱼的道理

是一样的，虽然可以偶尔取得一次成功，但绝不是长久之计。"

后来，晋文公还是采用了狐偃的计策，打败了楚军。战后，晋文公威名大振，成为当时的霸主。当他论功行赏时，给雍季的赏赐反倒比狐偃的还多，一些人对此不理解。晋文公解释说："狐偃的计策是权宜之计，而雍季的话才是长远之计，所以得到重赏的应该是雍季！"

成语小课堂

注释 竭：尽；泽：池、湖或水积聚的地方；渔：捕鱼。排干池水捉鱼。比喻只顾眼前利益，不作长远打算。也比喻残酷榨取，不留余地。

造句 开发矿山不能竭泽而渔，要目光长远，给子孙后代留下宝贵的资源。

接龙 竭泽而渔→渔阳鼙鼓→鼓乐喧天→天昏地暗→暗箭伤人→人浮于事→事不宜迟→迟疑不决

一叶障目

成语小故事

　　古时候，楚国有个书生，整天想着发财。有一天，他从一本书上读到：螳螂捕蝉全靠树叶给它挡身体。他就想："如果我也能有这片树叶，别人就看不见我了。"于是他走进树林，开始寻找那样一片树叶。不久，他终于发现了一只螳螂躲在一片树叶后面，举着双臂正要捕一只蝉。他赶忙爬上树，想把这片叶子摘下

来。就在这时，树叶纷纷落下，他完全分不清哪片是他想摘的叶子了。他只好把地上的落叶扫了几大筐，都带回家去。

回到家后，他就拿一片片树叶来挡住眼睛，不厌其烦地问他的妻子："你能看见我吗？"一连好几天，妻子被他问烦了，就随口说："看不见了。"这个书生一听，高兴极了，立刻带上这片叶子跑到大街上。

他来到市场，一只手举着树叶遮住自己的眼睛，一只手去偷人家的东西。结果他当场被人抓住，扭送到县衙里去了。

成语小课堂

注释 障：遮蔽。比喻被局部的或暂时的现象所迷惑，不能认清全面的或根本的问题。

造句 你们不能一叶障目，做错了一道题就认为自己学习不好。

接龙 一叶障目→目不暇接→接二连三→三缄其口→口是心非→非同小可→可圈可点→点石成金

按图索骥

成语小故事

　　春秋时期的秦国人孙阳，相传是我国古代最著名的相马专家，因此人们叫他伯乐。

　　据说，孙阳为了让更多的人学会识马，把自己丰富的识马经验编写成一本《相马经》，同时在书中配上了各种千里马的插图，作为人们识马的参考。

　　孙阳的儿子看到父亲的《相马经》上说，千里马的主要特征是高脑门、大眼睛、蹄子像摞起来的酒曲块。于是他也想到外面去寻找好马，好试试自己的眼力。

　　走了不远，他看到一只大青蛙，跟书中描写的千里马很像，便感叹道："所谓按图索

骥也。"忙捉回去告诉他父亲说:"我找到了一匹好马,和您那本《相马经》上说的差不多,只是蹄子稍差些。"

　　孙阳看后,感到又好笑又好气,便幽默地说:"这'马'爱跳,可没办法骑呀!"

成语小课堂

注释 索:寻找;骥:良马。按照图像去寻找好马。比喻拘泥成法办事,不能灵活变通。

造句 他做事太过古板,总是按图索骥,因此效率不高。

接龙 按图索骥→骥子龙文→文韬武略→略见一斑→斑驳陆离→离群索居→居心不良→良心发现

成语 练兵场

一、下列每个成语中都有一个错字,将它们圈出来,然后在旁边的图形中写出正确的字。

有背无患 　　　从容不破

学无止镜 　　　烂竽充数

拔山涉水 　　　　奇乐无穷

二、在每一行空格处填写正确的地名，使其成为两个成语。

瞒天过 ⬤　⬤ 辕北辙

声东击 ⬤　⬤ 家落户

后来居 ⬤　⬤ 底捞针

别有洞 ⬤　⬤ 津乐道

三、下列各句中，成语使用不正确的一项是（　　），应该是成语（　　　　　）。

　A. 科技展览会上各种各样的新产品令我目不暇接。

　B. 你别看他表面上说得好听，实际上大家都知道他

　　是个口是心非的人。

　C. 老师说他这篇文章可圈可点，找出了很多错字。

疯狂动物篇

趣话 成语

爸爸，你看动物园里这么多种动物，有没有描写动物的成语呢？

当然有啦，"老马识途""对牛弹琴"，这都是很常见的描写动物的成语。

还有吗，还有吗？我要多学几个！

形容人目光短浅可以说"鼠目寸光"，形容事情顺利可以说"马到成功"。

哇，原来可以这样用！

这些只是用动物来形容人的，人和动物之间，甚至动物与动物之间也有典故呢！

居然有这么多种类呀！

中华文化博大精深，你要学的可多着呢！你知道"惊弓之鸟"有什么引申意思吗？

被弓箭惊吓到的鸟？

惊弓之鸟是发生在战国时期的故事，用来比喻受到过惊吓、遇到情况就慌乱的人。

哇，爸爸知道得真多，我要多学！

好，我这就教你一些和动物趣闻有关的成语！

老马识途

成语小故事

公元前663年，应燕国的求助，齐桓公出兵攻打入侵燕国的山戎。

当齐军到达燕国时，山戎的军队已经带着抢夺的财物逃到孤竹国去了。这时齐桓公想收兵回国，但是相国管仲建议继续追击山戎，攻下孤竹国来保证齐国北方的安全。齐桓公认为管仲说得有理，于是他下令继续向东追击。但是谁也没有料到，当齐军来到孤竹国时，孤竹国和山戎国的君主都不见了！

齐军只好收兵回国，他们是春天出征，冬天返回，路上的草木已经变了样。大军在一个山谷里迷了路，想了很多办法也没有找到归路。这时，相国管仲想：离家很远的狗可以寻到回家的路，那么军中的马，尤其是那些老马，说不定也有认路的本领。于是管仲对齐桓公说："大王，我认为老马可以认路，我们可以利用老马在前面带路，引领大军走出山谷。"

于是，齐桓公下令放开老马，让它们在前面自由行走，大军在后面随行。说也奇怪，这些老马都朝着一个方向前进，很快就走出了山谷，找到了回齐国的路。

成语小课堂

注释 老马能认得路。比喻阅历丰富的人富有经验，熟悉情况，能在工作中起指引作用。

造句 他在这方面算是老马识途，有着丰富的经验，必能胜任这个工作。

接龙 老马识途→途途是道→道听途说→说白道绿→绿水青山→山穷水尽→尽善尽美→美中不足

三人成虎

成语小故事

　　战国时期，各诸侯国互相攻伐。一些诸侯国为了共同的利益，就会结成联盟。为了使大家能真正遵守盟约，国与国之间通常都将太子作为人质交给对方。

　　《战国策·魏策》里有这样一段记载，魏国大臣庞葱将要作为人质陪魏太子到赵国去，临行前对魏王说："现在有一个人说街市上出现了老虎，大王相信

吗？"魏王道："我不相信。"庞葱说："如果有第二个人说街市上出现了老虎，大王相信吗？"魏王道："我有些将信将疑了。"庞葱又说："如果有第三个人说街市上出现了老虎，大王相信吗？"魏王道："我当然会相信。"庞葱便说："街市上不会有老虎，这是很明显的事，可是经过三个人一说，好像真有老虎了。现在赵国国都邯郸离魏国国都大梁，比这里的街市远了许多，议论我的人也不止三个，希望大王明察才好。"魏王说："我知道该怎么办。"于是庞葱辞别魏王而去。魏王当时说自己会辨别是非，但时间一长，魏王还是听信了谗言。后来庞葱陪太子从赵国回到魏国，魏王便再也没有召见过他。

成语小课堂

注释 三个人都说街市上有老虎，别人便以为真有老虎。比喻谣言或讹传一再反复，就会使人信以为真。

造句 网络上来路不明的言论非常多，三人成虎，人言可畏，我们应该坚持不信谣、不传谣。

接龙 三人成虎→虎口余生→生不逢时→时来运转→转危为安→安不忘危→危言耸听→听天由命

狼狈为奸

　　狼和狈都是十分凶猛的动物，它们的长相十分相似，性情也十分相近。不同的是，狼的两条前腿长，两条后腿短；而狈正好与之相反，它的两条前腿短，两条后腿长。

　　有一次，狼和狈到一户牧民的羊圈去偷羊。羊圈的栅栏很高，它们谁也进不去，急得团团转。突然狼想出了一个好办法，它对狈说："既然我们俩都有缺陷，那么我们就取长补短，我骑在你的脖子上，然后你用两条后腿站立起来，把我扛得高高的，我再用两条前腿把羊抓走。"

　　狈觉得狼的主意不错，于是让狼爬到自己的身上，慢慢地站直身子。狈站稳后，狼再用两条后

腿站在狈的脖颈上，前腿伸进栅栏，猛地抓住了一只肥美的小羊。它们俩美美地吃了一顿。

从此，狼和狈经常联合起来偷东西。

成语小课堂

注释 狼狈：传说狈是与狼同类的野兽，因前腿短，要趴在狼身上才能行动。狼同狈常一起外出伤害牲畜。比喻互相勾结干坏事。

造句 当地的贪官和奸商狼狈为奸，为祸一方，最终被一网打尽。

接龙 狼狈为奸→奸淫掳掠→掠人之美→美言不信→信口雌黄→黄道吉日→日理万机→机关用尽

狐假虎威

成语小故事

战国时期，楚国强盛时，楚宣王问群臣："我听说北方诸侯都害怕楚令尹昭奚恤，果真是这样吗？"

群臣无人回答，只有一位叫江乙的大臣向他讲述了一个故事：

有一天老虎捉到一只狐狸。狐狸对老虎说："你不能吃我，因为我是上天派来做群兽领袖的，如果你吃掉我，就违背了上天的命令。你如果不相信我的话，那我在前面走，你跟在我的后面，看看群兽见了我，有哪一个不吓得逃跑的。"

老虎信以为真，就和狐狸同行。群兽见了它们，果然都纷纷逃跑。老虎不知道群兽是害怕自己才逃跑的，以为是害怕狐狸。

江乙讲完故事，又接着说道："现在大王的国土方圆五千里，军队百万，却由昭奚恤独揽大权。所以，北方诸侯害怕昭奚恤，其实是害怕大王的军队，这就像群兽害怕老虎一样啊！"

楚宣王听后，懂得了其中的道理。

成语小课堂

注释 假：借。狐狸借着老虎的威风去吓唬其他野兽。比喻倚仗别人的势力来欺压或吓唬人。

造句 这人仗着老板的权势狐假虎威，欺压公司里的其他同事。

接龙 狐假虎威→威震天下→下车伊始→始终如一→一倡百和→和盘托出→出将入相→相辅而行

杯弓蛇影

成语小故事

从前有个叫应郴的县令请主簿杜宣到家里饮酒。应郴家厅堂的北墙上挂着一张弓，碰巧当时的光线把那张弓的影子映在杜宣的酒杯里，就像一条蛇在蠕动。杜宣一见，吓得面如土色，起了一身鸡皮疙瘩，他硬着头皮勉强喝了下去，然后便借故告辞了。回家后，他便一病不起。

应郴得知杜宣的病因后，觉得很纳闷。回到家里，他坐在杜宣上次坐的位置，摆上一杯酒，果然，杯子里出现了蛇影。应郴更加奇怪了，他冥思苦想，仔细观察，终于找到了原因。原来是墙上挂着的弓作的怪。

他立刻请人接杜宣来，让他坐在原位，指着杯中的"蛇"对他说："那只不过是弓的倒影而已。"杜宣听了他的话，心情顿时放松下来，病也很快痊愈了。

成语小课堂

注释 把酒杯中的弓影当成了蛇。比喻因疑神疑鬼而自惊自怕。

造句 做了亏心事的人，就会整天杯弓蛇影，心神不宁。

接龙 杯弓蛇影→影影绰绰→绰绰有余→余味无穷→穷工极巧→巧言利口→口口相传→传宗接代

惊弓之鸟

成语小故事

战国末期，各诸侯国联合起来对付秦国。赵国派魏加到楚国去拜见春申君。见面后，魏加问他："您有领兵的将军吗?"春申君回答:"有哇,我打算让临武君做将军。"魏加想了一下,说:"我小时候喜欢射箭,想用射箭的故事说明一个道理,可以吗?"春申君说:"当然可以。"于是魏加就讲了一个故事。

魏国有一个叫更羸的人,有一次,他正和魏王一起谈话,忽然抬头看见一只雁。

更羸望了望,对魏王说:"大王您看,我不必搭上箭,只要空拉一下弓,就能把天上这只雁射下来。"

正说着,这只雁已经飞了过来。更羸马上拉开弓,装作射箭的样子,只拉弦不发箭。那只雁果然随着弓弦的响声掉落下来。

魏王惊叹地说:"先生真有这样的本事啊!"

更羸指着地上的雁,说道:"其实,这是一只受过伤的雁。"

魏王很奇怪,忙问道:"先生怎么知道它是一只受伤的雁?"

更羸回答说:"这只雁飞得慢,叫得很凄惨。飞得慢,说明它受过伤,伤口疼;叫得惨,说明它和雁群失散很久。旧伤没长好,心惊胆战,因此,听到弓弦

的响声，就以为又有人用箭射它，于是拼命高飞。结果伤口破裂，疼痛难忍，支持不住，自然就掉落下来了。"

魏加讲完这个故事，又对春申君说："临武君曾被秦国打败过，心中一定害怕秦军，我看他不能作为抵抗秦国的将军。"

成语小课堂

注释 被弓箭吓怕了的鸟。比喻受过惊吓，遇到一点情况就惶恐不安的人。

造句 盗窃团伙在公安部门的追捕下，如惊弓之鸟一样仓皇逃跑。

接龙 惊弓之鸟→鸟语花香→香花供养→养尊处优→优柔寡断→断长补短→短兵相接→接踵而来

鱼目混珠

成语小故事

从前，在一个村子里住着一个叫满愿的人。有一次，他到南方去办事，在当地买了一颗径长一寸的非常罕见的珍珠。

满愿的邻居寿量听说满愿得了个宝贝珍珠，非常稀罕，忍不住想把家中祖传的大珍珠拿出来和满愿的珍珠比一比。可是家中的长辈却不允许。

巧的是，二人同时得了一种怪病，他们四处求医，均不见效。直到遇到一个游方郎中，他看了病人的情况，说这种病必须用珍珠粉来和药才有效。他写下一个方子就走了。

为了治病，寿量不得不忍痛割爱，将自家的珍珠磨碎一部分入药，配上郎中的配方服了下去。而满愿无论如何也舍不得让那稀世珍宝有所残损，所以只吃了方子上的药。

过了几天，游方郎中来到满愿家询问病情，满愿将自己的情况如实地告诉了郎中，郎中见满愿有如此珍宝，便想见识一下。满愿将宝盒打开，那个郎中惊诧地叹道："果然是稀世珍宝哇！你为什么不把它带到更广阔的世界去展示它的风采呢？"

游方郎中又来到寿量家，寿量不解地问："为什么我按您的药方服了药，却一点儿作用都没起？"郎中说：

"能否将你入药的珍珠拿给我看一下？"寿量拿出了珍珠，郎中一看，哈哈大笑道："你这哪是什么珍珠哇！这明明只是海里的一种鱼的眼睛，真是鱼目混珠！这哪能治好你的病呢？"

成语小课堂

注释 混：掺杂，冒充。拿鱼的眼睛掺杂在珍珠里面。比喻以假乱真。

造句 有一些黑心商家在卖货的时候妄图鱼目混珠，一定要留心观察。

接龙 鱼目混珠→珠联璧合→合情合理→理直气壮→壮志凌云→云行雨施→施不望报→报仇雪恨

马革裹尸

成语小故事

马援是东汉茂陵人，光武帝时期著名的大将。一次，他率军讨伐割据一方的隗嚣，得胜归来后，光武帝刘秀非常高兴，给了他很丰厚的赏赐。可是马援却觉得自己功劳微薄，不值得如此厚爱。他想起伏波将军路博德辟南越、建七郡，功劳盖世，可只得到百户封地，而自己只有些轻微功绩，却得到一个县的封地，所以深觉惭愧，想再替国家立些功劳。

不久后发生了匈奴侵略扶风县事件，马援便请命出征。出发前，他慷慨激昂地说："大丈夫应当战死边疆，由马革裹着尸首回来才算不枉此生，怎能安逸地享受儿女的服侍，死在卧室里呢？"

在这之后，南方蛮人作乱，马援得知后，主动向光武帝表示愿领兵出征，光武帝犹豫了一下说："你的年纪太大了吧！"

马援坚定地说："我虽六十有余，但仍能披甲驰马，不能算老。"说话间展示出一派威仪雄健的大将风范。光武帝看了，称赞他道："不愧为马援，真是老当益壮啊！"

就这样，光武帝再一次令他率军出征。在这场战争中，马援奋勇杀敌，大获全胜。可是，正当军队凯旋时，他却在途中染上了瘟疫，病死在军中。

成语小课堂

注释 革：皮革。用马皮包裹尸体。指英勇作战，战死沙场。

造句 老将军坚定地说："身为军人，在战场上杀敌捐躯，纵然马革裹尸，也死而无憾。"

接龙 马革裹尸→尸山血海→海底捞针→针锋相对→对牛弹琴→琴棋书画→画虎不成反类狗→狗急跳墙

成语练兵场

一、请你从右边找到左边成语的近义词，将它们连线。

虎口余生	逢凶化吉
时来运转	苦尽甘来
转危为安	死里逃生
危言耸听	听之任之
听天由命	骇人听闻

二、在下面的空格中填写和颜色有关的字并组成成语。

（　）梁一梦　　平步（　）云　　（　）心丧气

（　）头偕老　　近朱者（　）　　起早贪（　）

（　）气东来　　（　）叶成荫　　（　）杏出墙

三、下列各句中，成语使用不正确的一项是（　　），正确的成语应该是（　　　　）。

A. 他总是抱怨自己生不逢时，有才华却缺少机遇。

B. 难道我福祸无门，只能一辈子受穷吗？

C. 虽然我们生活在和平年代，但也要居安思危，做好国防教育。

参考答案

品德修养篇

一、不入虎穴——焉得虎子；

　　一人得道——鸡犬升天；

　　一夫当关——万夫莫开；

　　三顾茅庐——有备而来。

二、七上八下；两面三刀；

　　一言九鼎；三教九流；

　　五光十色；五湖四海。

三、1. C　2. A　3. B

勤奋学习篇

一、1. 前功尽弃　2. 因噎废食

　　3. 半途而废

二、立春；小满；立秋；大暑。

三、C，情深义重。

奇妙想法篇

一、有备无患；从容不迫；

学无止境；滥竽充数；

跋山涉水；其乐无穷。

二、海南；西安；上海；天津。

三、C，漏洞百出。

疯狂动物篇

一、虎口余生——死里逃生；

　　时来运转——苦尽甘来；

　　转危为安——逢凶化吉；

　　危言耸听——骇人听闻；

　　听天由命——听之任之。

二、黄粱一梦；平步青云；

　　灰心丧气；白头偕老；

　　近朱者赤；起早贪黑；

　　紫气东来；绿叶成荫；

　　红杏出墙。

三、B，命中注定。

有趣的语言

谚语
真有趣

—鹿 琳◎主编—

三辰影库音像电子出版社

北 京

图书在版编目（CIP）数据

有趣的语言. 谚语真有趣 / 鹿琳主编. — 北京：
三辰影库音像电子出版社，2022.8
ISBN 978-7-83000-576-4

Ⅰ．①有… Ⅱ．①鹿… Ⅲ．①汉语－谚语－儿童读物
Ⅳ．①H1-49

中国版本图书馆 CIP 数据核字(2022)第 107431 号

有趣的语言. 谚语真有趣

责任编辑：龙　美
责任校对：韩丽红
出版发行：三辰影库音像电子出版社
社址邮编：北京市朝阳区东四环中路 78 号 11A03，100124
联系电话：（010）59624758
印　　刷：北京云浩印刷有限责任公司
开　　本：880mm×1230mm　1/32
字　　数：186 千字
印　　张：10
版　　次：2022 年 8 月第 1 版
印　　次：2022 年 8 月第 1 次印刷
定　　价：68.00 元（全 4 册）
书　　号：ISBN 978-7-83000-576-4

版权所有 侵权必究

语言不仅是交流的工具，也是提升思维、传承文化的载体。目前，一些孩子沉迷于快餐式的语言文化环境，缺少对中华优秀传统文化的深入了解和掌握，灵活运用语言的能力不强，说起话来也总是无词可用。

本书精选歇后语、成语、谜语、谚语这四种人们喜闻乐见的语言形式，从不同方面展现出了语言的魅力。这些被历史沉淀下来的"明珠"，或生动活泼，或幽默风趣，或寓意深刻，是孩子们真正需要汲取的"营养"。

本书除为孩子们精选了丰富的语言素材，还搭配了全彩精美的插图，并结合对话、小故事、练兵场等趣味性的小栏目，可以使孩子在轻松愉悦的阅读氛围中，积累丰富的语言词汇，逐渐提升语言表达能力和写作能力；也可以使孩子在语言文化的浸润下，积累更多的人生智慧和生活经验。

学好语言受益一生，就让我们翻开《有趣的语言》，一起来体验一下语言的无穷魅力吧！

目录

谚语 真有趣

学

习

篇

趣话 谚语

小凯，马上就要考试了，你还在看闲书，抓紧时间复习吧。

艾琳，"书到用时方恨少"，我平时积累得太少，现在复习有点晚了。

不能这么想，"知识在于积累，天才在于勤奋"，什么时候都不晚。

我阅读也是复习呀，要知道"读书破万卷，下笔如有神"。

但现在复习比阅读更紧迫。

书山有路勤为径，学海无涯苦作舟。

你哪里"勤"哪里"苦"了!

"好书即良友，须臾不可丢"，我不能抛弃我的朋友。

你怎么有这么多理由。

这不是理由，这是谚语。我读的就是谚语书，可以借给你读一下。

咦，这书还挺好看。

万般皆下品，唯有读书高。

我们快点复习吧！等考试结束再来品读它。

谚语集锦

刀不磨要生锈，人不学要落后

注释 刀需要时常磨一下，才能保持锋利；人需要不断学习，才不会落后。

造句 "刀不磨要生锈，人不学要落后"，你现在的成绩还能保持多久！赶紧醒醒吧，再不学习就要落于人后了。

山不厌高，海不厌深

注释 高山不嫌自己高，大海不嫌自己深。比喻道德、能力等越高越好。

造句 "山不厌高，海不厌深"，我要学习的东西还有很多。

师傅领进门，修行在个人

注释 老师的责任只是引导学生，学生要想在学业或技艺上有所提高，还要靠自身的努力。

造句 事事依赖老师是不可取的，要知道"师傅领进门，修行在个人",自己多加琢磨和领悟非常重要。

授人以鱼,不如授人以渔

注释 给别人鱼,不如教给他捕鱼的方法。比喻要重视传授获取知识的方法。

造句 陆教授深知"授人以鱼,不如授人以渔"的道理,总是想方设法调动学生的主观能动性,让他们独立解决难题。

敏而好学,不耻下问

注释 聪明而好学,不以向各种身份的人请教为耻。

造句 孔子是一个"敏而好学,不耻下问"的人,所以学问才那么好。

书到用时方恨少

注释 到实际运用时才发现自己读过的书太少了,所以平时必须多读书,多积累。

造句 "书到用时方恨少"不是一句空话,你如果读过《史记》,就能在这次知识竞赛上拿到奖牌了。

有趣的语言

知识在于积累，天才在于勤奋

注释 知识需要一点一滴积累，天才离不开勤奋学习。

造句 我很清楚"知识在于积累，天才在于勤奋"的道理，所以学习从来不掉以轻心。

冰冻三尺，非一日之寒

注释 比喻事物变化达到某种程度，是日积月累、逐渐形成的。

造句 要知道"冰冻三尺，非一日之寒"，我是付出了长期努力才有这样显著的进步的。

书山有路勤为径，学海无涯苦作舟

注释 学习是一个艰苦的过程，而且没有捷径，只有勤奋刻苦、不惧艰辛，才能攀上知识的高峰。

造句 "书山有路勤为径，学海无涯苦作舟"，学习从来都不是一蹴而就的。

学如逆水行舟，不进则退

注释 学习就像逆水划船，不努力向前就会后退。比喻学习不能松懈，必须时刻向前。

造句 神童方仲永经常和父亲出去写诗赚钱，忽略了学习，最终变得和普通人一样了，正是"学如逆水行舟，不进则退"的道理。

读书破万卷，下笔如有神

注释 平常多读书，写文章时就会得心应手，写出好的作品。

造句 知道你的作文为什么得不了高分吗？你阅读量太小了。古人云"读书破万卷，下笔如有神"，这是很有道理的。

好书即良友，须臾不可丢

注释 好书就像我们的良师益友，要时时进行阅读。

造句 "好书即良友，须臾不可丢"，书是我们进步的阶梯，我们要时常与它相伴。

读万卷书，行万里路

注释 要学到真正的学问，必须博览群书，还要多多实践，增长见识，理论结合实际，这样才能学以致用。

造句 我们不能只埋头学习、不谙世事，必须"读万卷书，行万里路"，将理论与实际结合起来。

要通古今事，须读古人书

注释 读书能够吸取前人的经验，使我们增长见识。

造句 要想变成博学的人必须读书，古人云："要通古今事，须读古人书。"

难者不会，会者不难

注释 任何困难的事，只要掌握好的方法，就会变得简单。

造句 我的电脑黑屏了，维修人员只花了五分钟就解决了电脑的问题，真是"难者不会，会者不难"。

熟读唐诗三百首，不会作诗也会吟

注释 比喻读熟了优秀作品之后，自然就会提高艺术鉴赏能力和写作水平。

造句 这次作文比赛该你大显身手了，你读了那么多书，"熟读唐诗三百首，不会作诗也会吟"嘛！

谚语小故事

读万卷书，行万里路

杜甫是初唐大诗人杜审言的孙子，从小受到良好的文化熏陶。虽然家境非常优越，但他从小就非常好学，七岁就能作诗。杜甫博览群书，这为他日后写出包罗万象的诗歌奠定了坚实的基础。在他日后的诗作《奉赠韦左丞丈二十二韵》中，写道："读书破万卷，下笔如有神。"这是他辛苦读书得以文思泉涌的真实写照。

杜甫十九岁离开家乡巩县（今河南巩义）外出漫游，他先在相邻的山西游历，又到吴越之地（今江苏、浙江一带）和齐赵之地（今山东、河北一带）漫游多年。此后，他客居长安十年，安史之乱爆发，他不得不在陕西、河南等地不断迁徙，躲避战乱。直到晚年去了四川，才过了较长一段时间安稳的生活。这种四处游历的生活虽然艰辛，却给杜甫带来了无尽的创作素材，他创作了大批反映民生疾苦和自身感触的杰出诗作，这些诗没有丰富的人生阅历是无法写出来的。杜甫的诗反映社会现实且涉及面非常广阔，有"诗史"美誉。

杜甫读书很多且非常认真，又在不得已的情况下漫游各地，因此成了一位伟大的现实主义诗人，他的一生就是"读万卷书，行万里路"的真实写照。

谚语练兵场

请仔细读下列谚语，将序号填在适当的句子中。

A. 师傅领进门，修行在个人

B. 学如逆水行舟，不进则退

C. 读书破万卷，下笔如有神

1. ⬭ ，要想提高写作能力一定要广泛阅读。

2. ⬭ ，要想学得更加深入，就得靠你自己。

3. 遇到困难不能打退堂鼓，必须更加努力学习，要知道 ⬭ 。

励

志

篇

趣话 谚语

金老师，这次我考得不理想，怎么办？

小凯，你不要气馁，"有志者事竟成"，现在立志学习也不晚。

我平时不注意知识的积累，才出现这样的情况。

嗯，"一分耕耘，一分收获"。

这次小朱竟然考了第三名。

是啊，你没看到他学习有多刻苦，谚语说"吃得苦中苦，方为人上人"。

我要向他学习。

对，你可以多跟他交流一下。

不知道小朱愿不愿意帮助我，我以前没怎么跟他交流过。

你应该主动找他交流，你们一定会成为好朋友的，要知道"精诚所至，金石为开"。

金老师，您的谚语量好丰富哇。

哈哈，多读读谚语书，平时多积累，你也可以做到。

谚语集锦

不经一番寒彻骨，怎得梅花扑鼻香

注释 比喻只有经历艰苦磨难，才能获得成功。

造句 老想着投机取巧的人很难取得成功，要知道"不经一番寒彻骨，怎得梅花扑鼻香"。

宝剑锋从磨砺出，梅花香自苦寒来

注释 比喻人只有经过种种磨炼，才可能有所成就。

造句 这点儿困难就吓住你了？要知道"宝剑锋从磨砺出，梅花香自苦寒来"，为什么不鼓起勇气战胜困难呢？

精诚所至，金石为开

注释 比喻只要诚心实意去做，就能够解决很多难题，取得成就。

造句 别再一味抱怨数学难学了，"精诚所至，金石为开"，只要肯下苦功，你的成绩就会提高。

锲而不舍，金石可镂

注释 雕刻一件东西，一直刻下去不放弃，金属和石头都能够刻出花饰。比喻做事情能坚持到底，不半途而废。也形容有恒心、有毅力。

造句 做事最怕的就是半途而废，你要记住一句话："锲而不舍，金石可镂。"

有志者事竟成

注释 有决心、有毅力的人，做事终究会成功。

造句 要知道"有志者事竟成"，何必因为眼前的挫折而裹足不前呢？

有志不在年高，无志空长百岁

注释 有志向无论年龄大小都值得肯定，没有志向就算活百岁都是虚度光阴。

造句 小甘罗年仅十二岁就立下大功，可见"有志不在年高，无志空长百岁"。

虎瘦雄心在，人贫志气存

注释 比喻人穷志气不穷。

造句 老张可谓"虎瘦雄心在，人贫志气存"，再度开创事业。

一分耕耘，一分收获

注释 比喻付出多少努力，就会有多少回报。

造句 "一分耕耘，一分收获"，我相信我之前的付出肯定会有回报的。

失败乃成功之母

注释 在失败中吸取教训，有助于获得成功。

造句 看你垂头丧气的样子，要知道"失败乃成功之母"，吸取经验，继续努力吧！

胜不骄，败不馁

注释 胜利了不骄傲，失败了也不气馁。

造句 "胜不骄，败不馁"才是我们对待生活的理性态度。

吃得苦中苦，方为人上人

注释 指一个人历经艰难坎坷才能取得成绩，成为受人敬重的人。

造句 "吃得苦中苦，方为人上人"，我的公司发展了二十年，中间几次濒临破产，我都咬牙坚持了下来，这才有了今天的规模。

绳锯木断，水滴石穿

注释 意思是绳子可以锯断木头，水滴也可以穿透石头。比喻只要坚持不懈，即使再困难的事情，也可以完成。

造句 不管是在学习上还是工作上，我们一定要有"绳锯木断，水滴石穿"的精神。

哪里跌倒，哪里爬起来

注释 比喻在哪里犯了错，就在哪里改正。

造句 "哪里跌倒，哪里爬起来"，老吴创业失败后，总结了经验教训，又一次开始创业。

没有过不去的火焰山

注释 比喻没有克服不了的困难。

造句 这一点儿困难就让你退缩了？鼓起勇气再冲一次吧，"没有过不去的火焰山"！

十年寒窗无人问，一举成名天下知

注释 古代士子多年默默无闻地苦读，考中进士后就能一下子名扬天下。

造句 这真是"十年寒窗无人问，一举成名天下知"，林先生的这个发明让他一下子成了名人。

谋事在人，成事在天

注释 自己尽力而为，成功与否要看时机。

造句 为了这间小店，他已经尽了最大努力，至于成效，就只能"谋事在人，成事在天"了。

人凭志气虎凭威

注释 老虎靠威猛成为百兽之王，人靠志气取得成功。

造句 "人凭志气虎凭威"，只要你立下志向并努力奋斗，一定会成为有作为的人。

舍得一身剐（guǎ），敢把皇帝拉下马

注释 比喻只要无所畏惧，就能完成非常艰难的事。

造句 "舍得一身剐，敢把皇帝拉下马"，凭借这股天不怕地不怕的劲头，他取得了成功。

三军可夺帅也，匹夫不可夺志也

注释 军队的首领可以改变，人的志气却不可能被改变。

造句 要动摇我是不可能的，"三军可夺帅也，匹夫不可夺志也"。

树怕烂根，人怕无志

注释 树根烂了就没法活下去，人没有志气就没有前进的动力。

造句 "树怕烂根，人怕无志"，人没有志向怎么行呢？

谚语小故事

有志不在年高

甘罗是秦国名臣甘茂的孙子，十二岁时就当了相国吕不韦的家臣。当时，吕不韦打算让大将张唐出使燕国，联合燕国一起讨伐赵国。张唐曾经多次讨伐赵国，赵人对他恨之入骨，而去燕国必须经过赵国，他不敢去。吕不韦非常苦恼，因为眼下张唐确实是最佳人选。甘罗得知情况后，主动请缨说："我有办法让他去。"吕不韦说："我亲自劝他，他都不肯，你一个小孩子如何说得动？不要添乱了。"甘罗认为"有志不在年高"，坚持要去，吕不韦只得同意。

甘罗见到张唐，说："将军觉得您和武安君白起相比，谁的功劳大？"张唐说："我当然不如武安君。"甘罗又问："那么，您觉得吕相国跟当年的应侯范雎相比，谁的权力更大？"张唐又坦率地说："应侯不如吕相国的权力大。"甘罗说："当年应侯想攻打赵国，武安君不肯去，结果被赐死在咸阳城外。现在吕相国让您去燕国，您却不肯去，我真不知道您将丧身何处。"张唐大惊失色，立刻收拾行装去了燕国。

谚语 练兵场

小凯最近不开心，请你从本卷中找出合适的谚语来安慰他吧。

1. 小凯嫌练琴太苦了，你劝他："＿＿＿＿＿＿＿。"

2. 小凯最近有一些骄傲情绪，你劝他："＿＿＿＿＿＿。"

3. 小凯在运动会上失利了，你劝他："＿＿＿＿＿＿。"

交
际
篇

趣话 谚语

小凯，恭喜你呀，成绩一下子提升了不少呢。

还得感谢你的帮助，艾琳，"近朱者赤，近墨者黑"。

那你知道"滴水之恩，当涌泉相报"吗？

你怎么能要回报呢？

真是"路遥知马力，日久见人心"，不懂感恩哪！

开个玩笑。我请你读我珍藏版的《鲁迅全集》，怎么样？

我也开玩笑呢。不过，那套书可是你的宝贝，你舍得让我读吗？

"言必信，行必果"，明天我就给你带来第一卷。

我读完立刻还给你，再跟你借第二卷过来，"好借好还，再借不难"。

没问题，我希望更多人读鲁迅先生的文章，懂得"天下兴亡，匹夫有责"。

哇，小凯，你竟然能说出这么有道理的话，"士别三日，当刮目相看"哪。

嘿嘿，艾琳，是不是"人不可貌相，海水不可斗量"呢？

哎，刚夸你两句，又故态复萌了。

谚语集锦

言必信，行必果

注释 意思是指说出话来一定算数；既然行动就一定要有结果。

造句 小明做事历来"言必信，行必果"，大家都很信任他。

不听老人言，吃亏在眼前

注释 老人社会经验较为丰富，某些方面的建议很有借鉴价值。

造句 奶奶总是说"不听老人言，吃亏在眼前"，但是我可不能全听她的。

道不同，不相为谋

注释 比喻志向等不一样的人，最好不要共事。

造句 对不起，"道不同，不相为谋"，请你不要劝我。

听君一席话，胜读十年书

注释 比喻听到了一些道理，非常有启发性。

造句 "听君一席话，胜读十年书"，我真后悔没有早点儿来请教你。

画龙画虎难画骨，知人知面不知心

注释 比喻人心难测，很难看穿。

造句 "画龙画虎难画骨，知人知面不知心"，跟人打交道不留个心眼儿是不行的。

见能人，不可交臂而失之

注释 交臂：胳膊碰胳膊。比喻与有才能的人交往，要抓住机会及时求教。

造句 我认出了和我一起打球的竟然是国家科技进步奖获得者，"见能人，不可交臂而失之"，一定得向他请教请教。

一日不见，如隔三秋

注释 一天不见，就好像过了三年，形容思念人的心情非常迫切。

造句 暑假才过一半，我就想念同学和老师了，真是"一日不见，如隔三秋"哇。

君子之交淡如水

注释　真正的友谊不会重视表面化的修饰，而是看重实际行动。

造句　"君子之交淡如水"，我与他虽然三年没有见面了，但友情依然如故。

近朱者赤，近墨者黑

注释　比喻接近好人使人变好，接近坏人使人变坏。

造句　"近朱者赤，近墨者黑"，交友不慎后患无穷啊。

舌头底下压死人

注释　比喻流言蜚语会给人带来很大的伤害。

造句　俗话说"舌头底下压死人"，请你不要再随便散布这些谣言了。

听其言，观其行

注释　不要只听他人的言论，还要看其实际行动。

造句　我不会简单地相信一个人，而是"听其言，观其行"。

路遥知马力，日久见人心

注释　时间长了，才知道人心的好坏。

造句 "路遥知马力，日久见人心"，我一开始并不喜欢我的同桌，但时间一长，我就发现他的很多善举之处了。

相交满天下，知己能几人

注释 人一生会认识很多人，但成为知己朋友的却不多。因此必须珍惜。

造句 有你这个朋友，真是我的幸运，"相交满天下，知己能几人"哪！

物以类聚，人以群分

注释 同类的东西常聚在一起，志趣相投的人会聚在一起。

造句 "物以类聚，人以群分"，小刘交的那些朋友，跟他一样都是责任感很强的人。

先小人，后君子

注释 先讲明双方的利益，然后再彼此礼让，以免最后损人不利己。

造句 这笔买卖，我们"先小人，后君子"，先谈好价格吧。

衣不如新，人不如旧

注释 衣服是新的好，朋友还是老相识好。

造句 "衣不如新，人不如旧"，过去的老朋友我始终怀念不已。

做人留一线，日后好相见

注释 做事要给别人留情面，不要把事情做绝，为日后再见面时留下余地。

造句 没必要这么绝情吧，要知道"做人留一线，日后好相见"。

得饶人处且饶人

注释 事情不要做绝，要留有余地。

造句 老张，这件事既然没有造成严重后果，就不要再提了，"得饶人处且饶人"吧。

在家靠父母，出门靠朋友

注释 家中靠父母照顾，出门在外就需要朋友的关照了。

造句 "在家靠父母，出门靠朋友"，我初来公司，还希望大家多多关照。

与人方便，与己方便

注释 给别人带来方便，别人也会给自己带来方便。

造句 俗话说"与人方便，与己方便"，这点小忙不过是举手之劳，您不用这么客气。

士别三日，当刮目相看

注释 比喻不能用老眼光看待人。

造句 "士别三日，当刮目相看"，你不要再用老眼光看待我了。

人不可貌相，海水不可斗量

注释 比喻不要凭借外貌去判断一个人。

造句 这位运动员个头不高，竟然拿下了拳击冠军，真是"人不可貌相，海水不可斗量"。

冰炭不同炉，善恶不同途

注释 冰和炭不能共存，善与恶也互不容纳。

造句 这两个人根本无法共事，正是"冰炭不同炉，善恶不同途"。

滴水之恩，当涌泉相报

注释 困难时得到别人的一点儿恩情，日后要加倍回报。

造句 我不会忘记您的恩情，"滴水之恩，当涌泉相报"。

人敬我一尺，我敬人一丈

注释 指别人对自己好，自己会对别人更好。

造句 "人敬我一尺，我敬人一丈"，我这个人向来都是恩怨分明的。

水至清则无鱼，人至察则无徒

注释 水太清，鱼就无法生存；人太苛求别人，就没有朋友。指对别人的要求不能过高。

造句 "水至清则无鱼，人至察则无徒"，你这种苛求别人、宽容自己的态度，怎么会有朋友？

二人同心，其利断金

注释 两个人齐心协力，就能发挥很大的力量。

造句 我们夫妻"二人同心，其利断金"，一定能把小店经营好。

帮人帮到底，送佛送到西

注释 比喻做好事要做到底，不能半途而废。

造句 "帮人帮到底，送佛送到西"，走吧，我干脆送你到家吧。

害人之心不可有，防人之心不可无

注释　我们不要有伤害别人的心理，但要有对人的警惕之心。

造句　你就要踏入社会了，记住爸爸一句话："害人之心不可有，防人之心不可无。"

谚语小故事

士别三日，当刮目相看

东吴大将吕蒙骁勇善战，但是没有读过什么书。孙权对吕蒙说："你现在身居要职，不能不学习啊。"吕蒙说："我军务太繁忙了，没时间读书。"孙权说："我并不是想让你成为学识渊博的学者，只是粗略地阅读，熟悉一些过往的事罢了。你说军务繁忙，你的事务能有我多吗？我常常读书，觉得受益良多。"吕蒙就开始读书了，日积月累，他成了很有学识的人。

鲁肃接替周瑜成为东吴的大都督之后，有人劝他去拜访吕蒙。鲁肃一向嫌弃吕蒙是一介武夫，不想和他交往，但劝他的人说吕

蒙的地位日益显赫，不应该用老眼光看待他。于是鲁肃去吕蒙家中拜访，两人交流之时，吕蒙详尽地论述了天下大势和东吴的前途，鲁肃听着听着，不由自主地越过席子来到吕蒙身边，拍着他的背说："我真没想到你的谋略已经达到这种程度了，你真的不是过去的吴下阿蒙了。"吕蒙说："士别三日，当刮目相看，兄长你知道得太晚了。"

两人从此成为莫逆好友，齐心协力发展东吴。

谚语 练兵场

根据描述，选择本卷中的谚语填空。

1. 比喻看人不能只看外表： 。

2. 比喻时间长了才知道一个人的真实情况： 。

3. 比喻人很容易受身边的人的影响： 。

4. 比喻不能总用老眼光看人： 。

修

身

篇

趣话 谚语

小凯，我竞选班长成功了，你给我一点儿建议吧。

我想想，你要说到做到，"君子一言，驷马难追"。

收到，收到。

你不要苛责同学，要知道"圣人也有三分错"。

好的，继续。

你要多听大家的建议，"兼听则明，偏信则暗"。

哎呀，我又不是皇帝。好的，我记住了。

你不能骄傲自满，要知道"满招损，谦受益"。

还有吗？

还要心胸宽广，"以责人之心责己，以恕己之心恕人"。

唉，想当好班长可真不容易。

还有……

停，停，让我先消化一下吧。

谚语集锦

君子一言，驷马难追

注释 话说出口，就算四匹马拉的车都追不回来。比喻信守承诺、说话算数。

造句 你放心吧，"君子一言，驷马难追"，这事就包在我身上了！

尺有所短，寸有所长

注释 由于应用的地方不同，一尺也有觉得短的时候，一寸也有觉得长的时候。比喻人或事物各有各的长处和短处。

造句 "尺有所短，寸有所长"，你虽然不擅长唱歌跳舞，但运动能力强，何必看轻自己呢？

天不言自高，地不言自厚

注释 比喻有才能的人不会天天自吹自擂。

造句 "天不言自高，地不言

自厚"，谦虚能够显示出一个人的涵养。

但行好事，莫问前程

注释 多做好事，不要考虑从中获得什么益处。

造句 我很喜欢"但行好事，莫问前程"这句话，其中包含着高尚且坦荡的情怀。

兼听则明，偏信则暗

注释 多方听取意见才能明辨是非，偏信一方就无法明辨是非。

造句 作为一个老师，必须清楚"兼听则明，偏信则暗"的道理。

吃一堑，长一智

注释 受一次挫折，便得到一次教训，增长一分才智。

造句 "吃一堑，长一智"，这次考试小张并没有重蹈覆辙，成绩提升很大。

满招损，谦受益

注释 自满使人受到损害，谦虚使人得到益处。

造句 "满招损，谦受益"是一个颠扑不破的真理，我们做事学习自当如此。

明人不做暗事

注释 心地光明的人不会做见不得人的事。

造句 "明人不做暗事"，这件事就是我做的。

岂能尽如人意，但求无愧于心

注释 世事无法全都依照人的心愿，只要不愧对自己的内心就够了。

造句 "岂能尽如人意，但求无愧于心"，这件事不要纠结了。

宁为鸡口，无为牛后

注释 比喻宁愿在局面小的地方当家做主，也不愿在局面大的地方任人支配。

造句 他离开一家大公司来到这家较小的公司，原因是"宁为鸡口，无为牛后"，不愿任人呼来喝去。

圣人也有三分错

注释 就算是人们推崇的圣贤，也难免会犯错误，普通人有失误更是在所难免的。

造句 "圣人也有三分错"，你不用太过自责。

人外有人，天外有天

注释 有才能的人非常多，就像天高得没有尽头一般。告诫人们不要骄傲自满。

造句 "人外有人，天外有天"，老张原以为自己的唱、念、做、打功夫已经很好了，没想到还是被老前辈们炉火纯青的技艺震撼了。

以责人之心责己，以恕己之心恕人

注释 以责备别人的态度来责备自己，以宽恕自己的心态来宽恕别人。

造句 我们与人交往时要做到将心比心，"以责人之心责己，以恕己之心恕人"。

百善孝为先

注释 孝顺父母是所有善行的基础。

造句 "百善孝为先"，一个人连父母都不孝敬，怎么可能对其他人好呢？

有则改之，无则加勉

注释 对于他人指出的某些缺点、错误，如果有就要改正，即使没有也要勉励自己不去犯。

造句 他对我的批评，虽然有些并不算客观，但我还是本着"有则改之，无则加勉"的态度坦然接受了。

不以成败论英雄

注释 不将成功或失败视为评价一个人的唯一标准。

造句 古人云："不以成败论英雄。"项羽虽然在垓下败给了刘邦，但他依然是推翻暴秦统治的大功臣，理应得到后人的推崇。

取人之长，补己之短

注释 吸取别人的长处，弥补自己的不足。

造句 学习要善于"取人之长，补己之短"，才能够不断进步。

从善如登，从恶如崩

注释 向好的方向发展像登山一样困难，向坏的方向发展像山崩一样迅速。比喻学坏容易学好难。

造句 "从善如登，从恶如崩"，我不建议你跟新认识的那几个人交往，他们不像什么好人。

宰相肚里能撑船

注释 形容人心胸宽广，能容忍、原谅别人。

造句 你真是"宰相肚里能撑船"，谢谢你原谅我，我不会再犯了。

兼听则明，偏信则暗

唐太宗即位时，唐朝刚刚稳定下来，百姓的生活还没有从常年战争的侵扰中恢复，民生凋敝、百废待兴。唐太宗知道，自己必须依靠大批杰出人才的辅佐，才能让这个新建立的大一统王朝强盛起来。于是，他广开言路、大兴科举，不拘一格地吸纳人才。同时，他心胸开阔，鼓励臣子们各抒己见，毫无顾忌地向自己进谏。其中，名臣魏徵是古今谏臣的典范，他一生向唐太宗的进谏达数十万言，其中很多是关系着国计民生的大事。魏徵生性耿直，进谏时常常不给皇帝留颜面，很多时候弄得唐太宗下不来台。

有一次，唐太宗问魏徵："皇帝什么样的行为是明智，什么样的行为是糊涂呢？"魏徵回答："广泛听取意见就是明智，偏听偏信就是糊涂。尧、舜能够广泛征求意见，所以有三苗、共工等的叛乱没能成功；秦二世偏信赵高，隋炀帝偏信虞世基，以致国破身亡。所以君主应该兼听广纳，不被权贵蒙蔽，让下边的意见及时传达

上来。"唐太宗觉得非常有道理。

正是因为有一大批像魏徵这样敢于进谏的大臣，还有唐太宗这样善于纳谏的君主，唐朝的国力才得到迅速提升，开创了我国史上的"贞观之治"。

把下列谚语补充完整。

1. 人外有人，⬤⬤⬤⬤⬤。

2. ⬤⬤⬤⬤⬤，莫问前程。

3. 明人⬤⬤⬤⬤暗事。

4. ⬤⬤⬤⬤，偏信则暗。

5. ⬤⬤⬤⬤，但求无愧于心。

生活篇

趣话 谚语

小凯，金老师说你最近写的作文生动了不少，怎么做到的？

我最近正在努力收集和学习谚语呢。

哦，那我来考考你："没吃过黄连……"

"不知黄连苦"。

"天有不测风云……"

"人有旦夕祸福"。

"春生夏长……"

"秋收冬藏"。

"节约好比燕衔泥……"

"浪费好比河决堤"。

不错呀！我再问你，有一句谚语能形容我和你的关系。

"上梁不正下梁歪"？

臭小子，是"有其父必有其子"啦!

谚语集锦

开门七件事，柴米油盐酱醋茶

注释 代指每天都要打理的日常事务。

造句 过日子哪有那么多轰轰烈烈的事？不过就是"开门七件事，柴米油盐酱醋茶"罢了。

不当家不知柴米贵，不养儿不知父母恩

注释 不亲自操持家务就不知其不易，不养育儿女就不知父母对自己的恩情有多深厚。

造句 成家之后，我才真正理解了"不当家不知柴米贵，不养儿不知父母恩"这句话中的道理。

节约好比燕衔泥，浪费好比河决堤

注释 节约像燕子筑巢一样，一点儿一点儿积少成多；浪费则像大河决堤一样，财富会很快用完。

造句 同学们，"节约好比燕衔泥，浪费好比河决堤"，我们一定要养成勤俭节约的美德，不能浪费。

没吃过黄连，不知黄连苦

注释 黄连，一种味道极苦的药材。比喻不经历过就没有深刻的印象。

造句 这里的条件非常艰苦，远超我的想象，真是"没吃过黄连，不知黄连苦"。

春生夏长，秋收冬藏

注释 指农业生产的过程，常用来比喻事物发生、发展的全过程。

造句 "春生夏长，秋收冬藏"，人的一生也是这样自然而然地度过，很多事不必强求。

人怕老来病，稻怕钻心虫

注释 人害怕老了之后生病，稻子生长时害怕会钻心的虫子。

造句 "人怕老来病，稻怕钻心虫"，现在正是钻心虫生长的时候，你这块田不尽快打药，只怕要减产。

万事开头难

注释 无论做什么事，刚开始往往是最难的。

造句　哎，挣钱可不是容易的事，"万事开头难"嘛，我希望你再坚持几个月，客人慢慢会多起来的。

不如意事常八九，可与人言无二三

注释　指人生不会总是尽如人意，且有很多难言之隐。

造句　"不如意事常八九，可与人言无二三"，我们对待人生的态度需要豁达一些。

家和万事兴

注释　只要家人之间关系和睦，那么一切事情都会好起来。

造句　"家和万事兴"，只要我们一家人和和气气，就没有过不去的坎。

天有不测风云，人有旦夕祸福

注释　比喻一些灾祸的发生是无法预测的。

造句　因为知道"天有不测风云，人有旦夕祸福"，所以他努力掌握了一些突发事件的应对手段，有备无患。

二八月，乱穿衣

注释　农历二月和八月时，天气变化不定，人们穿衣有厚有薄。

造句 "二八月，乱穿衣"，我都穿上短袖了，竟然还
有人穿着羽绒服。

饭后百步走，活到九十九

注释 指经常散步对身体健康有益。

造句 常言说"饭后百步走，活到九十九"，你快点把
手机放下，跟我去公园散步吧。

积财千万，不如薄技在身

注释 有再多的钱，也不如掌握一门有用的技能。

造句 知道爸爸为什么让你去学编程吗？"积财千万，
不如薄技在身"。

有其父必有其子

注释 父亲的人品、行为会对儿子产生直接影响。

造句 "有其父必有其子"，小林的爸爸是短跑运动员，
小林很擅长短跑。

家家有本难念的经

注释 比喻每户人家都会遇到一些难办的事情。

造句 "家家有本难念的经"，大家互相体谅体谅吧。

衣贵洁，不贵华

注释 穿衣服不应追求价格，而应追求洁净合身。

造句 "衣贵洁，不贵华"，你这身整洁得体的衣服比某些特别贵的衣服还好看。

巧妇难为无米之炊

注释 比喻缺少必要的条件，再能干的人也很难做成事。

造句 你不肯增加投资，这个新项目根本无法开展，要知道"巧妇难为无米之炊"。

人逢喜事精神爽

注释 人遇到高兴的事，就会觉得神清气爽。

造句 我考了第一名，还真是"人逢喜事精神爽"，连走路都觉得轻快了不少。

宁吃鲜桃一口，不吃烂杏一筐

注释 指饮食要讲究卫生，腐烂的食物不能吃。也比喻宁可少而精，也不要贪多。

造句 "宁吃鲜桃一口，不吃烂杏一筐"，你读书不要不分良莠，还是要多看好书。

早起的鸟儿有虫吃

注释 比喻勤奋的人能得到更多东西。

造句 "早起的鸟儿有虫吃"，他每天早睡早起，工作效率非常高。

谚语 小故事

有其父必有其子

孔子的孙子孔伋（jí），字子思，曾在齐国生活。齐国哲学家尹文子的儿子愚钝顽劣，与尹文子完全不一样。尹文子对子思说："这个孩子不是我的孩子，他的母亲也不是个合格的妻子，我要将他们一起赶出家门！"子思劝他说："照你这么说，尧、舜的妃子也不是合格的妻

子？他们二人是圣人的典范，但丹朱、商均都赶不上普通人。由此推断，儿子不像父亲一样贤德的例子太多了。有这样的父亲，才导致这样的儿子，这是大道的通常规则，哪里是你妻子的责任呢？"尹文子惭愧地说："先生不要说了，我不会赶妻子和儿子走了。"

子思所说的"有此父斯有此子"，是说有尧、舜、尹文子这样杰出的父亲，往往有丹朱、商均及尹文子之子这样愚劣的儿子。后人将这句话进行了改动，变成"有其父必有其子"，完全是褒义了。

谚语 练兵场

请迅速写出四句与家庭有关的谚语。

1.＿＿＿＿＿＿＿＿＿＿＿＿＿＿＿＿＿＿。

2.＿＿＿＿＿＿＿＿＿＿＿＿＿＿＿＿＿＿。

3.＿＿＿＿＿＿＿＿＿＿＿＿＿＿＿＿＿＿。

4.＿＿＿＿＿＿＿＿＿＿＿＿＿＿＿＿＿＿。

惜

时

篇

趣话 谚语

小凯，你又在看电视，学习一会儿吧。

爸爸，我看完这集就去学。

唉，你不知道"黑发不知勤学早，白首方悔读书迟"这句话吗？想当年我……

啊，我要去学习了，"少年易学老难成，一寸光阴不可轻"！

你倒是听我说完哪。我过去没有做到"今日事，今日毕"，现在很后悔。

我知道了，爸爸，你别拉着我的胳膊，要知道"青春易逝，岁月难留"哇。

确实是"百岁光阴如过客"，那时候爸爸刚上中学，跟你一样贪玩……

我不贪玩，我要学习，你放开我。

"光阴似箭，日月如梭"，爸爸考大学的时候……

不要再说了，我早听过了！

"花有重开日，人无再少年"，爸爸大学毕业后……

爸爸，我以后一定珍惜时间，好好学习。

谚语集锦

今日事，今日毕

注释 今天的事最好在今天做完，拖到明天可能会影响到明天的事，只会让人更着急。

造句 "今日事，今日毕"，总是拖延，什么事都做不好。

不怕慢，只怕闲

注释 效率低不是最可怕的，最可怕的是完全不行动。

造句 要知道"不怕慢，只怕闲"，只要你肯做，总会有一些成绩出来的。

一寸光阴一寸金，寸金难买寸光阴

注释 比喻时间极其宝贵，无法用金钱衡量。

造句 "一寸光阴一寸金，寸金难买寸光阴"，对我们初三学生来说，时间真的比金钱珍贵。

明日复明日，明日何其多

注释 比喻时间是短暂的，不能总将事情推到明天。

造句 "明日复明日，明日何其多"，这件事情你必须立刻去做，不能拖延。

一万年太久，只争朝夕

注释 成功不能只靠等待，要抓紧时间努力争取。

造句 我不想一直等待对方注意到我，必须努力去追求，要知道"一万年太久，只争朝夕"。

少年易学老难成，一寸光阴不可轻

注释 年轻时学习效率高，所以必须珍惜时间好好学习。

造句 孩子们，你们要知道"少年易学老难成，一寸光阴不可轻"，大好时光不容浪费呀。

黑发不知勤学早，白首方悔读书迟

注释 年轻时不勤奋学习，到老时想要读书，却发现已经晚了。

造句 常言道，"黑发不知勤学早，白首方悔读书迟"，你不要再浪费时间了，赶紧学习。

百岁光阴如过客

注释 形容人的一生过得很快，必须珍惜。

造句 要知道"百岁光阴如过客"，你这样白白虚度时光，日后一定会后悔的。

东隅已逝，桑榆非晚

注释 形容早年时光虽然过去，但珍惜未来的岁月还为时不晚。

造句 回首半生，真是有得有失，"东隅已逝，桑榆非晚"，今后还需要努力才行。

好花不常开，好景不常在

注释 美好的事物无法长久存在，所以必须珍惜美好的青春年华，好好努力。

造句 "好花不常开，好景不常在"，在学校的日子是多么美好哇，你可要好好珍惜。

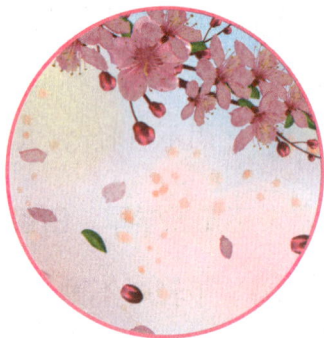

花有重开日，人无再少年

注释 花谢了还会重开，人老了就再也无法回到少年时代。告诫我们要珍惜少年时光。

造句 "花有重开日，人无再少年"，不要因为年轻就肆意浪费时间，要让每一天都过得有价值。

逝者如斯夫，不舍昼夜

注释 形容时间像流水一样一去不返。

造句 "逝者如斯夫，不舍昼夜"，我们必须珍惜每一分、每一秒。

岁月不饶人

注释 比喻时光不会停留，每个人都会成长并老去。

造句 "岁月不饶人"，我看着妈妈眼角的皱纹，心里酸酸的。

人生一世，草木一秋

注释 人的一生看似漫长，实际上不过像春生秋枯的野草一般短暂。比喻时间宝贵，必须珍惜。

造句 "人生一世，草木一秋"，人的一生在漫长的历史中不过是弹指之间，必须过得有价值。

青春易逝，岁月难留

注释 青春年华容易过去，岁月无法挽留。

造句 "青春易逝，岁月难留"，我很珍惜青春的美好时光。

光阴似箭，日月如梭

注释 比喻时间流逝得非常快。

造句 "光阴似箭，日月如梭"，快乐的校园生活就这样结束了，我感到非常不舍。

人无千日好，花无百日红

注释 比喻好景不长，必须珍惜。也指人生不会总是一帆风顺，会经历各种挫折。

造句 看着这个过去风光无限的大老板辛苦摆摊，我不由得想到"人无千日好，花无百日红"这句话。

枯木逢春犹再发，人无两度再少年

注释 枯萎的树木到春天依然会发芽，人老去了就再也回不到少年。

造句 周爷爷坐在操场上看着打球的年轻人，心里不由得感慨"枯木逢春犹再发，人无两度再少年"。

盛年不再来，一日难再晨

注释 青春过去不会重来，一天也不会有两个清晨，因此必须珍惜时间。

造句 "盛年不再来，一日难再晨"，我们正处于人生最美好的阶段，必须珍惜。

人生如白驹过隙

注释　比喻人生短促，必须把握时间。

造句　"人生如白驹过隙"，不努力学习就会一无所成。

谚语小故事

逝者如斯夫，不舍昼夜

孔子是春秋时期伟大的思想家、教育家。他一生四处奔走，想要实现自己的政治理想，但始终没能如愿。随着年龄的增长，孔子渐渐感觉到自己的远大抱负可能无法实现了。

有一天，孔子和弟子们来到一条河边，看着川流不息的河水，孔子感叹道："逝者如斯夫，不舍昼夜。"意思是说，时间就像这河水一样，日夜不停地向前奔流，一刻都不会停留，人也随着时间的流逝而逐渐老去。学生们领会到了老师的意思，都感到伤感。孔子一生都没能得到诸侯的重用，无法尽情施展自己的政治抱负。于是，他在晚年安心教徒、著述，整理了一大批珍贵的古籍，为后人留下了宝贵的精神财富。

谚语 练兵场

写出下列谚语的后半句。

1. 人生一世，_____。

2. 一寸光阴一寸金，_____。

3. 东隅已逝，_____。

4. 少年易学老难成，_____。

5. 今日事，_____。

劝诫篇

趣话 谚语

金老师，您要跟我说什么？

小凯，我很担心你的成绩，你考试总是"临时抱佛脚"。

老师，我也意识到这一点了。

现在是升学的关键时期，不要再"三天打鱼，两天晒网"了。

嗯，我会抓紧时间学习的。

你读课外书和学习的时间也要合理安排，不要"捡了芝麻，丢了西瓜"。

好的。

你要多向你的同桌艾琳请教，所谓"知之为知之，不知为不知"，千万不要不懂装懂。

知道了。

"种瓜得瓜，种豆得豆"，你上次英语考试成绩不理想，这表明你努力得还不够哇。

知道了，老师。

你可不要嫌老师啰唆，你要明白"良药苦口利于病，忠言逆耳利于行"。

怎么会呢？我感谢老师还来不及呢！

谚语集锦

聪明一世，糊涂一时

注释 指一向聪明的人，偶尔在某件事上犯了糊涂。

造句 老李"聪明一世，糊涂一时"，竟然一不小心中了骗子的圈套，他赶紧报了警。

不以规矩，不成方圆

注释 没有圆规和矩尺，就没法画出圆和方。比喻没有一定的规矩、规则等，做事就无法成功。

造句 这个处理结果你有什么不满意的？"不以规矩，不成方圆"，做错事就应该承担后果。

良药苦口利于病，忠言逆耳利于行

注释 好药味道虽然苦，但对治病有利；忠直之言虽然刺耳，但对端正行为有利。

造句 小玄心想："良药苦口利

于病，忠言逆耳利于行。"因此他认真地听着老师的教诲。

天下本无事，庸人自扰之

注释 比喻本来没有事，有的人却自找麻烦。

造句 你怎么一天天总想这些有的没的，要知道"天下本无事，庸人自扰之"。

要知山下路，须问过来人

注释 比喻要想了解情况，就得向经历过的人请教。

造句 "要知山下路，须问过来人"，我们做事要多向别人请教，不能想当然。

一着不慎，满盘皆输

注释 比喻稍不谨慎，就会出大错。

造句 这次辩论赛，小刚的一个论点出现了破绽，被对手抓住穷追猛打，真是"一着不慎，满盘皆输"。

多行不义必自毙

注释 坏事干多了，最终自取灭亡。

造句 "多行不义必自毙"，看到新闻报道那个逃犯终于被捕，小刘觉得非常解气。

种瓜得瓜，种豆得豆

注释 比喻做了什么样的事，就得到什么样的结果。

造句 古人说"种瓜得瓜，种豆得豆"，平常学习不刻苦，就不要埋怨考试成绩差了。

好事不出门，坏事行千里

注释 好事不容易被别人知道，坏事却传播得很快。

造句 难道你没听过"好事不出门，坏事行千里"这句话吗？这个小便宜一定不能占，我可不想成为同学们眼中爱占小便宜的人。

前事不忘，后事之师

注释 指记住过去的经验教训，可以作为以后的借鉴。

造句 "前事不忘，后事之师"，前人的经验教训能够指导我们今天的行为。

捡了芝麻，丢了西瓜

注释 比喻做事时因小失大，得不偿失。

造句 虽然读课外书是有必要的，但不能因为沉迷其中而耽误学习，以免"捡了芝麻，丢了西瓜"。

三天打鱼，两天晒网

注释 比喻学习或做事缺乏恒心，时常中断，不能坚持。

造句 "三天打鱼，两天晒网"的人，怎么可能取得好成绩呢？

临时抱佛脚

注释 比喻临到事情发生的时候才仓促准备。

造句 离考试只有一周，我才"临时抱佛脚"复习起来，成绩果然不理想。

贫居闹市无人问，富在深山有远亲

注释 讽刺嫌贫爱富、趋炎附势的人。

造句 "贫居闹市无人问，富在深山有远亲"的态度，是正直的人所不齿的。

知之为知之，不知为不知

注释 懂就是懂，不懂就是不懂，这才是真正的智慧。

造句 "知之为知之，不知为不知"，千万不要不懂装懂，否则会害了自己。

耳听为虚，眼见为实

注释 不要轻信传言，自己亲眼见到的比用耳朵听到的更可靠。

造句 "耳听为虚，眼见为实"，您不能仅凭传言就认定他们不是好人。

万事到头终有报，只争来早与来迟

注释 做任何事都会有相应的报应，只是时间早晚罢了。

造句 "万事到头终有报，只争来早与来迟"，这些恶贯满盈的罪犯最终还是被抓住了。

墙倒众人推，鼓破乱人捶

注释 比喻在失势或倒霉时，备受欺负。

造句 "墙倒众人推，鼓破乱人捶"，他刚刚被免职，对这句谚语深有体会。

美言不信，信言不美

注释 华丽动听的语言往往不可信，可信的语言往往不华丽动听。

造句 "美言不信，信言不美"，我们一定不要被别有用心的人的花言巧语迷惑。

病从口入，祸从口出

注释 饮食不慎容易导致疾病，说话不慎容易招来灾祸。

造句 "病从口入，祸从口出"，你再这样说话不过大脑，早晚给自己惹来麻烦。

兵要天天练，贼要夜夜防

注释 比喻对潜在的威胁不能掉以轻心，必须时时提防。

造句 "兵要天天练，贼要夜夜防"，学习也要时刻小心，以免自己懈怠，出现落后的情况。

贪吃的鱼儿易上钩

注释 比喻爱贪小便宜的人容易上当受骗。

造句 这些免费赠礼品的链接一定不要乱点，以免上当，要知道"贪吃的鱼儿易上钩"。

人为财死，鸟为食亡

注释 比喻人不能太贪财，否则可能招致灾祸。

造句 社会上有太多"人为财死，鸟为食亡"的案例，我们要引以为戒。

拉大旗，作虎皮

注释 比喻打着某种旗号虚张声势，来吓唬人、蒙骗人。

造句 这些打着名校旗号的培训学校，都是"拉大旗，作虎皮"。

多行不义必自毙

春秋初期，郑国的国君郑庄公是一个很有作为的君主。郑庄公的母亲武姜不喜欢他，非常偏向自己的小儿子段，让郑庄公把段封到了京邑（今河南荥阳东）。段在京邑积极发展自己的力量，京邑城墙的高度超过了国都新郑（今河南新郑），这是不合规矩的。有的大臣劝郑庄公攻打段，郑庄公说："多行不义必自毙，他会自己垮台的。"由于郑庄公不做反应，再加上有武姜在京城的支持，段变本加厉，强迫附近的城池归附自己，他统治的地盘越来越大。一些大臣觉得没法再忍受下去了，纷纷劝说郑庄公采取应对措施，但郑庄公依然没有行动。

经过一段时间的准备，正式集结队伍，誓师攻打国都，武姜则准备打开国都的大门来接应他。这时，郑庄公果断行动起来，派大将攻打京邑。京邑老百姓对

飞扬跋扈的段早就不满了，不肯帮助他与国君打仗，段的军队大败，他不得已逃到了共国（今河南辉县一带），武姜也被郑庄公迁到了别的地方。

谚语 练兵场

选择本卷的谚语，劝诫一下有相关陋习的人。

1. 对爱自找麻烦者，要劝诫对方＿＿＿＿＿＿＿。

2. 对虚张声势者，要劝诫对方不要＿＿＿＿＿＿。

3. 对做了错事心存侥幸者，要劝诫对方＿＿＿＿＿。

4. 对说话口无遮拦者，要劝诫对方＿＿＿＿＿＿。

参考答案

学习篇

1. C
2. A
3. B

励志篇

1. 吃得苦中苦，方为人上人
2. 胜不骄，败不馁
3. 失败乃成功之母

交际篇

1. 人不可貌相，海水不可斗量
2. 路遥知马力，日久见人心
3. 近朱者赤，近墨者黑
4. 士别三日，当刮目相看

修身篇

1. 天外有天
2. 但行好事
3. 不做
4. 兼听则明
5. 岂能尽如人意

生活篇

1. 清官难断家务事
2. 家和万事兴
3. 不当家不知柴米贵，不养儿不知父母恩
4. 家家有本难念的经

惜时篇

1. 草木一秋
2. 寸金难买寸光阴
3. 桑榆非晚
4. 一寸光阴不可轻
5. 今日毕

劝诫篇

1. 天下本无事，庸人自扰之
2. 拉大旗，作虎皮
3. 好事不出门，坏事行千里
4. 病从口入，祸从口出

有趣的语言

谜语
真奇妙

—鹿 琳◎主编—

三辰影库音像电子出版社
北 京

图书在版编目（CIP）数据

有趣的语言. 谜语真奇妙 / 鹿琳主编. — 北京 ：
三辰影库音像电子出版社，2022.8
ISBN 978-7-83000-576-4

Ⅰ．①有… Ⅱ．①鹿… Ⅲ．①谜语－中国－儿童读物
Ⅳ．①H1-49

中国版本图书馆 CIP 数据核字 (2022) 第 107432 号

有趣的语言. 谜语真奇妙

责任编辑：龙　美
责任校对：韩丽红
出版发行：三辰影库音像电子出版社
社址邮编：北京市朝阳区东四环中路 78 号 11A03，100124
联系电话：（010）59624758
印　　刷：北京云浩印刷有限责任公司
开　　本：880mm × 1230mm　1/32
字　　数：186 千字
印　　张：10
版　　次：2022 年 8 月第 1 版
印　　次：2022 年 8 月第 1 次印刷
定　　价：68.00 元（全 4 册）
书　　号：ISBN 978-7-83000-576-4

版权所有 侵权必究

　　语言不仅是交流的工具，也是提升思维、传承文化的载体。目前，一些孩子沉迷于快餐式的语言文化环境，缺少对中华优秀传统文化的深入了解和掌握，灵活运用语言的能力不强，说起话来也总是无词可用。

　　本书精选歇后语、成语、谜语、谚语这四种人们喜闻乐见的语言形式，从不同方面展现出了语言的魅力。这些被历史沉淀下来的"明珠"，或生动活泼，或幽默风趣，或寓意深刻，是孩子们真正需要汲取的"营养"。

　　本书除为孩子们精选了丰富的语言素材，还搭配了全彩精美的插图，并结合对话、小故事、练兵场等趣味性的小栏目，可以使孩子在轻松愉悦的阅读氛围中，积累丰富的语言词汇，逐渐提升语言表达能力和写作能力；也可以使孩子在语言文化的浸润下，积累更多的人生智慧和生活经验。

　　学好语言受益一生，就让我们翻开《有趣的语言》，一起来体验一下语言的无穷魅力吧！

目录

字

谜

篇

趣话谜语

同学们，我们今天准备学习《遨游汉字王国》，这是一篇欣赏中国汉字魅力的课文。上课前，我们先来玩一个猜字谜的小游戏。

好！

我先来出一个字谜，看哪位同学能猜出来：哑谜。打一个字。

我知道，是"迷"字。

小冲真聪明，老师再出一个字谜：画时圆，写时方，寒时短，热时长。打一个字。

老师，我又猜出来了，是"日"字。

那你说一说，为什么是"日"字呢？

第一句，画时圆，这会让我们联想到生活中经常看到的东西，比如太阳、月亮等。第二句，写时方，太阳也就是日，所以写的时候是方的。第三句，寒时短，寒代表了冬天，冬天太阳很早就下山了。第四句，热时长，热代表了夏天，夏天太阳下山比较晚。所以，谜底是"日"字。

说得非常棒！其实，谜语起源于我国民间口头文学，是我们的祖先在长期生产劳动和生活实践中创造出来的，是劳动人民智慧的结晶。我们通过学习字谜，可以形象地了解中国汉字的魅力，体会到学习汉字的乐趣。下面，就让我们再来看看还有哪些字谜吧！

谜语猜猜猜

1 一头牛。

（生）

2 一张弓。

（弹）

3 有点狠。

（狼）

4 平衡木。

（林）

5 两角钱。

（芬）

6 多一笔，带学生，
少一笔，带士兵。

（帅）

7 字面看来都是口，
产粮没它就发愁。

（田）

8 一边软，一边硬，
软做衣，硬砌墙。

（破）

9 合起来，一个字，
分开来，四个不。

（米）

10 一条狗，两个口，
谁遇它，谁发愁。

（哭）

11 年轻人，志气高，
提手就把山扳倒。

（扫）

12 添一笔，找不到，
少一笔，天上飘。

（去）

13 一只羊，四条腿，
只有脚，没有尾。

（羔）

14 你一半，我一半，
合起来，把树砍。

（伐）

15 两棵树，并排栽，
着了火，烧起来。

（焚）

16 一条狗，四个口，
不稀罕，家家有。

（器）

17 左一洞，右一洞，
发出声响让人愣。

（吼）

18 级级阶梯直顶点，
此间知识待人开。

（书）

19 一个字，千张嘴，
要想活，给它水。

（舌）

20 一只羊儿不像样，
眼睛长在屁股上。

（着）

21 一轮明月藏云脚，
两片残花落马蹄。

（熊）

㉒ 看上面正差一横，
看下面少去一点。
（步）

㉓ 一字四十八个头，
内中有水不外流。
（井）

㉔ 只要三个女皮匠，
合成一个老大娘。
（婆）

㉕ 唐虞都有，尧舜却无，
商周也有，汤武更无。
（口）

㉖ 减去一个，孤单一个，
加上一个，成伙成群。
（从）

㉗ 一字真怪，写是九点，
看是三笔，形似圆珠。
（九）

㉘ 一个字儿有四笔，
又无横来又无直，
将军见他要下马，
皇帝见他要作揖。
（父）

㉙ 一边入水，一边上山，
同时出现，实在少见。
（鲜）

㉚ 田上有草不是草，
农民汗水把它浇，
能结瓜果能打粮，
细心培育莫荒了。
（苗）

㉛ 朝东像座四合院，
朝西也像四合院，
大院里面套小院，
如此规模莫小看。
（巨）

㉜ 田下有木不是木，
不用煮烤也能熟，
春来花开不见它，
秋临花落挂满树。
（果）

33 奇怪奇怪真奇怪，
出个谜语女生猜，
一家至少有一个，
全国一共才几百。

（姓）

34 一而再，再而三，
中间一笔连成串，
笔画虽少分量重，
国家粮棉堆成山。

（丰）

谜语小故事

曹操以鸟试才华

曹操不但是位政治家、军事家，而且是东汉末年杰出的文学家。他的作品气魄雄伟，感情浓郁，文笔简洁。他常吟诗作赋抒发自己的政治抱负，考问手下官吏和家庭成员。

一年秋天，已晋爵为魏王的曹操，领着儿子曹丕、曹植策马郊游，观赏金菊丹枫。曹操仰望蓝色的天空，忽见燕、雁纷纷南飞，他灵机一动，想以鸟为题出个字谜考考两个儿子。他沉思了片刻，便随口编了四句，吟曰：

一对候鸟晴空飞，公的瘦来母的肥。

一年四季来一次，月月见君啼三回。

曹丕想了许久，终未悟出是个什么字。文思敏捷的曹植一句一句仔细推敲，破了此谜。曹操大喜。从此，曹植深得父王宠爱。曹操曾一度欲立其为太子。

你能猜出是个什么字吗？

谜底：八。

谜语 练兵场

把谜面和对应的谜底连起来。

日月各西东	诘
人在草木中	早
功过各一半	边
斩草不除根	明
报喜不报忧	茶

词语篇

趣话 谜语

今天我们来玩个游戏吧。

好哇，好哇，我最喜欢玩游戏了。

今天的游戏和平时玩的可不一样哟，我们来玩猜谜语，这次的猜谜语游戏和我们的日常生活息息相关。

爸爸，我准备好了，我们开始吧！

谜语来了，你可要好好听哟，怎样将"氖"字口语化。打一三字口语。

这个"氖"应该怎样用口语表示呢？爸爸，我一点儿头绪都没有，您给点提示吧！

你仔细看看这个"氛"字可以拆分成哪两个字？

我知道，我知道，是"气"和"分"。

对啦！那要想把所有的"气"都"分"开，那应该怎样做呢？

"不生气"就好了呀！

对啦！那"不生气"也可以说成"别发火"。

原来"氛"字也可以这样理解呀。

对呀，这就是词语的妙用，其实可以转化成口语的字和词还有很多，接下来让我们一起看看还有哪些可以转化成口语的字和词吧！

谜语猜猜猜

1 三言。
（打一三字口语　真心话）

2 隐语。
（打一三字口语　不明白）

3 看待。
（打一三字口语　等着瞧）

4 大同。
（打一三字口语　差不多）

5 爱莫能助。
（打一三字口语　难为情）

6 保护视力。
（打一三字口语　小心眼）

7 原始思维。
（打一三字口语　想当初）

8 破除迷信。
（打一三字口语　不留神）

9 午后照相。
（打一三字口语　拍马屁）

10 家徒四壁。
（打一三字口语　没门儿）

11 一路辛苦。
（打一三字口语　有味道）

12 东西大道。
（打一三字口语　一路货）

13 温泉疗养。
（打一三字口语　泡病号）

14 怒发冲冠。
（打一三字口语　气头上）

15 屈打成招。

（打一三字口语　不舒服）

16 略有降价。

（打一三字口语　小便宜）

17 盲目调拨。

（打一三字口语　瞎指挥）

18 何处是归程。

（打一三字口语　不知道）

19 战胜自然灾害。

（打一三字口语　破天荒）

20 任尔东西南北风。

（打一三字口语　通通气）

21 六宫粉黛无颜色。

（打一三字口语　真漂亮）

22 忐。

（打一四字口语　放心不下）

23 发怒。

（打一四字口语　财大气粗）

24 孩儿面。

（打一四字口语　小人之见）

25 相对无言。

（打一四字口语　二话不说）

26 健康检查。

（打一四字口语　没病找病）

27 自谋职业。

（打一四字口语　没事找事）

28 漫天皆白。

（打一四字口语　全是空话）

29 黑夜返归途。

（打一四字口语　来路不明）

30 新官上任三把火。

（打一四字口语　头脑发热）

31 倒叙。

（打一五字口语　把话说回来）

32 假货。

（打一五字口语　真不是东西）

33 罕见。

（打一五字口语　顾不得许多）

34 睡梦中露出甜美的微笑。

（打一五字口语　高兴不起来）

35 出乎意料得百分。

（打一五字口语　想不到一块）

36 散装。

（打一五字口语　别来这一套）

37 降低消耗。

（打一五字口语　这下子完了）

38 乔迁。

（打一七字口语　有所得必有所失）

39 田径。

（打一三字俗语　留后路）

40 稚儿灵。

（打一三字俗语　小聪明）

41 落地灯。

（打一三字俗语　不高明）

42 临别赠言。

（打一三字俗语　外行话）

43 高速作业。

（打一三字俗语　空快活）

44 思路中断。

（打一三字俗语　想不通）

45 享乐在后。

（打一三字俗语　吃苦头）

46 画蛇添足。

（打一三字俗语　糊涂虫）

曹操择婿

据传，曹操有个俊俏的女儿，因无如意郎君而迟迟未嫁。当时曹操以"相王之尊""挟天子以令诸侯"，位高权重，谁不想高攀这门亲事呢？上门求婚者皆为王孙公子，可是曹操一个也看不中。后来，他听说沛人丁仪从小勤奋好学，饱读诗书，是个名士，便派人去请丁仪来官邸一会。

儿子曹丕劝谏父王："听说丁仪虽有才学，但其貌不扬……妹妹的终身大事非同一般，请父王三思。"

曹操听后严肃地说："用人唯才是举，择婿也应德才兼备，为父只看内在，不重外貌，不求十全十美。"

是日，丁仪应召而来。宾主相互寒暄礼毕，曹操便开始试他学问。

曹操先将须吟哦了四句："一字九横六竖，问遍天下不知。有人去问孔子，孔子想了三天。"问丁仪是个什么字。

文思敏捷的丁仪立即答出来了。

曹操微微一笑，取出早已写好的纸条，只见上面又是四句："道士腰间两柄锤，和尚肋下一条巾。就是平常两个字，难倒不少读书人。"

丁仪略一沉吟，含笑在纸上写了两个字。曹操见他才思敏捷，对答如流，于是把他留在相府，择日完婚。

你能猜出前后二谜的谜底各是什么吗？

谜底：晶，平常。

谜语练兵场

写出下列谜语的谜底。

❶ 一再说要走。
（打一七字俗语）

❷ 息。
（打一七字俗语）

❸ 海上生明月。
（打一二字常用语）

❹ 中。
（打一二字常用语）

❺ 果园失火。
（打一二字常用语）

❻ 战高温。
（打一四字常用语）

成语篇

趣话 谜语

今天，我们来进行一场猜谜语比赛吧！

好哇！好哇！

我先来！早发咸阳，晚到襄阳。打一个成语。

我知道，是朝秦暮楚。我也来出一个：晶莹的泪悄悄地落。打一个成语。

是明珠暗投吧。

没错！

我来，我来！我一定要出一个难的，让你们知道我的厉害！有了！一会儿晴，一会儿雨，一会儿风。打一个成语。哈哈，你们肯定猜不出来！

嗯，儿子出的这个确实有一定难度，不过要想难倒我们还差了点儿。谜底是气象万千。

妈妈真聪明。再来！大漠孤烟直，长河落日圆。还是打一成语。

额……我想想，是不是风平浪静？

对啦！

中华成语有着悠久的历史，也蕴含着无穷的魅力。像我们今天出的成语谜还有很多。儿子，今天就让爸爸妈妈好好来给你讲一讲吧。

19

谜语猜猜猜

1 老的怕，小的奇。
（大惊小怪）

2 见信如见故人。
（以文会友）

3 郭襄不赴英雄宴。
（闭门思过）

4 出入千门万户。
（无所不至）

5 抱千金而长叹。
（财大气粗）

6 碰到舞台就演出。
（逢场作戏）

7 英雄无用武之地。
（强人所难）

8 乘一条船渡江。
（同舟共济）

9 今月曾经照古人。
（先见之明）

10 十扣柴扉九不开。
（一面之缘）

11 说话算数，办事奏效。
（言必信，行必果）

12 鬓上银霜对镜愁。
（顾影自怜）

13 闭门能知天下事。
（不出所料）

14 白云无尽时，野径有穷处。
（说长道短）

15 此曲只应天上有。

（不同凡响）

16 等到鱼儿上钩后。

（揭竿而起）

17 山外青山楼外楼。

（层出不穷）

18 数番为师，从未阅卷。

（屡教不改）

19 满园春色关不住。

（花枝招展）

20 剃头的头发长，
修脚的脚生疮。

（先人后己）

21 反其道而行之。

（南辕北辙）

22 拔河比赛屡战屡败。

（有进无退）

23 错把梅花当桃花。

（指鹿为马）

24 哎呀！颜料丢了。

（大惊失色）

25 一气之下勇夺魁。

（怒发冲冠）

26 剪不断，理还乱。

（难解难分）

27 此地无银三百两。

（不打自招）

28 新同学很少发言。

（老生常谈）

29 错把新春当旧岁。

（忘年之交）

30 一只手儿拍不响。

（孤掌难鸣）

31 千歌万曲唱不尽。

（其乐无穷）

32 致富不忘勤节俭。
（发人深省）

33 破墙而入，
盗窃一空。
（凿壁偷光）

34 桃花潭水深千尺。
（无与伦比）

35 孙悟空龙宫借宝。
（大海捞针）

36 轻舟已过万重山。
（一日千里）

37 专访仲尼子孙家。
（无孔不入）

38 年年七月有著述。
（无巧不成书）

39 唯恐失利取守势。
（防不胜防）

40 海阔凭鱼跃，
天高任鸟飞。
（各得其所）

41 不为五斗米折腰。
（穷当益坚）

42 三军过后尽开颜。
（兴师动众）

43 脊梁冒汗人惊悚。
（背水一战）

44 鸿雁阵阵飞不尽。
（后继有人）

45 孟母三迁。
（见异思迁）

46 万水千山只等闲。
（行若无事）

47 追得韩信伴信归。
（何去何从）

48 新官上任干劲足。
（首当其冲）

49 四海之内皆兄弟。
（天下无敌）

50 拍马屁拍到马腿上。
（眼高手低）

51 卷我屋上三重茅。

(风吹草动)

54 成人鼾声似婴啼。

(大呼小叫)

52 约会迟到使人恼。

(相见恨晚)

55 贾薛姻缘终难合。

(金石为开)

53 飞流直下三千尺。

(山高水长)

56 杜十娘怒沉百宝箱。

(一掷千金)

谜语小故事

蒲松龄教书

清朝著名文学家蒲松龄，自幼勤奋好学，学识广博，才华出众，但因怀才不遇，只好靠教书为生。

一年春天，一位土财主望子成龙，慕名请蒲松龄来家里教儿子读书。不到三个月，蒲松龄拱手告辞，说："令郎学有所成，老夫要另谋去处。"财主一听欣喜万分，忙设宴为先生饯行。

酒过三巡，财主笑问："吾儿的文章如何？"蒲松龄回曰："高山响鼓，闻声百里。"财主大悦，将须又问："吾儿在《易》《礼》《诗》诸方面想必都通了吧？"蒲松龄诙谐一笑，接道："八窍已通七窍。"说罢便挑起书箱启程。

蒲松龄前脚刚走，财主后脚赶到衙门，将这喜讯告诉当师爷的胞弟，要其为侄儿报名参加科考，先捞个秀才当当。

那师爷听罢，哭笑不得，说："大哥，你让那教书匠戏弄了。"接着解释了一番。

财主一听，气得直骂儿子："蠢猪！"

你能猜出蒲松龄的话是何含意吗？

谜底："高山响鼓，闻声百里"乃"不通！不通！"；"八窍已通七窍"则为"一窍不通"。

谜语练兵场

猜字谜，组成语。

1 一叶障目，有己无人。　谜底：_____。

2 夺去一半，留下一半。　谜底：_____。

3 通力合作逐飞舟。　　　谜底：_____。

4 一口咬掉牛尾巴。　　　谜底：_____。

它们可以组成成语：_____。

植物篇

趣话 谜语

你看看超市中有没有你想吃的东西。

妈妈我有好多想吃的东西，但是我不想直接说出来，我们来玩个猜谜游戏吧。

那你说吧，看妈妈能不能猜出来。

"冬天蟠龙卧，夏天枝叶开，龙须往上长，珍珠往下排。"

这是什么呢？妈妈实在想不出来，还是明明告诉妈妈吧！

您看超市柜台前面摆着的是什么？

哦，我知道了，是葡萄。

对啦。

我也有个谜语考考你，"秋天撒下粒粒种,冬天幼芽雪里藏,春天还青节节高,夏天成熟一片黄"，它可以做成一种我们常吃的食物。

嗯，让我想想……哈哈，我猜出来了，是小麦!

对啦!明明真聪明!小麦可做成我们常吃的面粉。正好家里没有面粉了，一会儿我们去买吧。

好的，妈妈。我还知道很多谜语，让我来继续和您说吧……

谜语猜猜猜

1 空心树，叶儿长，
好像竹子节节长，
到老满头白花花，
只结穗儿不打粮。

（芦苇）

2 一棵树，扁枝丫，
先结果，后开花。

（仙人掌）

3 小时能吃味道鲜，
老时能用有人砍，
虽说不是钢和铁，
浑身骨节压不弯。

（竹子）

4 有根不着地，
绿叶开白花，
到处去流浪，
海上处处家。

（浮萍）

5 池里一只盘，
大水盛不满，
小雨纷纷落上头，
好似珍珠一串串。

（荷叶）

6 粉妆玉琢新世界，
头戴金钗顶风到，
岁寒为报春来早，

姐妹亲朋喜开怀。

（梅花）

7 有枝有叶不是树，
没花没果是动物，
色彩绚丽海中长，
可当材料造房屋。

（珊瑚）

8 张开紫罗伞，
卸掉黄金冠，
天下任逍遥，
亲朋万万千。

（蒲公英）

9 池中有个小姑娘，
从小生在水中央，
粉红笑脸迎风摆，
只只绿船不划桨。

（莲）

10 一个婆婆园中站，

身上挂满小鸡蛋，
又有红来又有绿，
既好吃来又好看。

（枣树）

11 小时青青肚里空，
长出头发蓬蓬松，
姐姐撑船不离它，
哥哥钓鱼抓手中。

（竹竿）

12 不结果，不开花，
还没出土就发芽，
等它长高八九寸，
人人赞它美味佳。

（竹笋）

13 正二三月抽枝生叶，
四五六月开花结果，
七八九月有黑有白，
末了三月挂灯结彩。

（柏树）

14 高高个儿一身青，
圆脸金黄喜盈盈，
天天向着太阳笑，

结的果实数不清。

（向日葵）

15 身体足有丈二高，
瘦长身节不长毛，
下身穿条绿绸裤，
头戴珍珠红绒帽。

（高粱）

16 奇怪奇怪真奇怪，
头顶长出胡子来，
解开衣服看一看，
颗颗珍珠露出来。

（玉米）

17 青枝绿叶颗颗桃，
外面骨头里面毛，
待到一天桃子老，
里面骨头外面毛。

（棉花）

18 地里把根扎，
不怕大雪压，

春风刚吹过，
探头把芽发。

（草）

19 有个矮将军，
身上挂满刀，
刀鞘外长毛，
里面藏宝宝。

（大豆）

20 长在山上是青的，
落在地上是黄的，
不用刀削是圆的，
不放蜜糖是甜的。

（桂圆）

21 铜勺子，
铁把手，
尝一口，
甜水流。

（梨）

尚文咏宝

元代顺帝时，有位大臣名叫尚文，掌管财政。

一天，西域商人带来一颗珍珠，要价六十万两银子。素以古玩癖著称的宰相对此爱不释手，对尚文说："这颗'押忽大珠'确是稀世珍宝！这个要价不算贵，就让朝廷买下来吧。"

尚文笑问："老大人，买下这颗珠子有何用处？"

那宰相捋须回道："如果把它含在口里，人就不会口渴；放在脸上触摸，可以使眼睛更有神采。"

尚文听了摇了摇头，意味深长地说："这算不得天下奇宝。我认为天下还有一种更为珍贵之物，有了它，百姓可以安居乐业；没有它，天下就会大乱。它的价值，比起这颗'押忽大珠'，不知要高出几万倍！"

宰相忙问："那是何物？"

尚文含笑不语，挥笔写了两句：黄布袋里包珍珠，秋天一到满地铺。

你知道这位财政大臣所咏为何物吗?

谜底：稻谷。

谜语 练兵场

阅读小片段，回答问题。

大嫂胖头胖脑，满身白毛；

二嫂扁头扁脑，凸肚凸腰；

三嫂圆头圆脑，黑纹绿袍；

四嫂红头红脑，头戴绿帽。

1 上面的谜语的谜底分别是什么呢?

2 它们都是以什么来命名的?

动物篇

趣话谜语

儿子，今天爸爸妈妈带你参观动物园，开心吗？

开心。爸爸妈妈，快看，大象好高哇！

那你今天看了这么多动物，最喜欢哪种动物呢？

老虎！

为什么？

因为老虎最威风。

那你知道"生在林中满山跑，身穿斑斓黄皮袄，百兽之中它称王，威风凛凛性暴躁"是说的哪个动物吗？

知道，不就是指我们刚刚说的动物——老虎嘛。

我这儿还有一个谜语"沙漠一只船，船上载着山，远看像笔架，近看一身毡。"儿子，猜猜看，这是指哪种动物？

骆驼！哈哈，爸爸妈妈，你们可难不倒我，我还知道很多关于动物的谜语呢！不如我们一边参观，一边由我讲给你们听吧！

好哇，爸爸和妈妈正要和你好好学学呢！

谜语猜猜猜

1 耳朵大大嘴巴长，
尾巴短短身体胖，
好吃懒做福气好，
长大送进千万家。

（猪）

2 头顶两棵珊瑚树，
身穿一件梅花袍，
四腿长得长又瘦，
翻山越岭快如飞。

（鹿）

3 嘴是耙，舌是叉，

看像贪睡，走路不差。

（蛇）

4 头上有只角，
体积并不小，
肉类它不要，
只会吃青草。

（牛）

5 头戴将军帽，
身穿油绿袍，
过乘连关桥，
换件大红袍。

（虾）

6 毛头毛脑确不同，
爱吃果子乐无穷，
若是见它太顽皮，
打它屁股红又红。

（猴子）

7 有头没有颈，
　身上冷冰冰，
　有翅不能飞，
　无脚反能行。

（鱼）

8 贵夫人，插满花，
　论美艳，是奴家。

（孔雀）

9 尾巴翘翘吱吱叫，
　不会走来只会跳。

（麻雀）

10 森林有位好医生，
　专治树林蛀心病，
　嘴巴就是手术刀，
　防治病害本领高。

（啄木鸟）

11 脚趾像扇子，
　嘴唇像钳子，

　赛跑别找它，
　游泳是尖子。

（鸭）

12 虽云是金，却不是真，
　大眼孩儿，爱穿长裙。

（金鱼）

13 说它是头牛，
　却不会拉犁，
　笑它力气小，
　背着屋子跑。

（蜗牛）

14 年纪并不老，
　胡子却不少，
　尖嘴尖牙齿，
　贼头又贼脑。

（老鼠）

15 身披大皮袄，
　山上吃青草，
　过了严寒冬，
　献出密白毛。

（绵羊）

16 它是一位游泳家，

说话老是呱呱呱，
小时有尾没有脚，
长大有脚没尾巴。

（青蛙）

17 似鼠不是鼠，
无羽能飞舞，
眼睛看不见，
目标却清楚。

（蝙蝠）

18 头上长着枯树枝，
身穿斑点梅花衣，
不是驴也不是羊，
奔跑如风快如马。

（梅花鹿）

19 说它是只猫，
却能飞得高，
白天藏树梢，

夜晚把物叼。

（猫头鹰）

20 头戴大红帽，
身披五彩袍，
好像是钟表，
催人起得早。

（雄鸡）

21 神奇一花园，
宏伟有喷泉，
地面黑又滑，
看来墨一团。

（鲸鱼）

22 要说像马不是马，

要说像驴不是驴，
身背高山一两座，
荒漠万里踏沙来。

(骆驼)

23 老水牛，实在大，
两只角儿倒生，
鼻子拖到地下。

(象)

谜语小故事

才子比智慧

据《史记·滑稽列传》记载，西汉时有位爱好儒家经术的文学家名叫东方朔，他秉性诙谐风趣，才华横溢，压倒群儒。

相传，东方朔不仅聪明绝顶、精通诗文，还是一位制谜、猜谜的高手。有位郭舍人是个儒雅之士，他见东方朔平日放荡不羁，常奚落取笑他人，很看不惯，想用难题考倒东方朔，让他当众出丑。于是呕心制了一首歌谜让他猜。歌云：

客从东方，且歌且行。不从门入，逾我垣墙。游戏中庭，上我殿堂。击击拍拍，死者攘攘。格斗而死，主人被创。

才思敏捷的东方朔听后哈哈大笑："老夫子，这有何难。你且听着！"说罢，以谜猜谜，也吟了四句：

长喙细身，昼匿夜行。嗜肉恶烟，掌所拍扪。

郭舍人一听，连连点头，赞叹道："真乃善辩奇才也！"原来二人同咏一物。

你能猜出他们所咏的是何物吗？

谜底：蚊子。

谜语 练兵场

先把成语补充完整，再把所填的字按顺序连起来就是谜面，打一动物。

○针引线　　○上添花　　○冠禽兽

○月披星　　○颜薄命　　○言巧语

○苦连天　　○目了然　　○东击西

○天动地　　○马奔腾　　○喻户晓

这种动物是：(　　　　　)。

自

然

篇

趣话 谜语

爸爸，给我讲个故事吧！

今天不讲故事，我们换个内容好不好？

您有什么好主意？

你看到天上那忽明忽暗的星星了吗？你觉得它们像什么？

像一眨一眨的眼睛，也像一盏盏小灯笼。

你知道有哪些关于星星的谜语吗？

我知道！"棋子多，棋盘大，只能看，不能下"，还有"蓝包袱，包银米，天一明，就收起"，还有……

其实，关于星星的谜语还有很多很多。不只是星星，大自然中有着无限的乐趣等着我们去发现。关于它们的谜语也有很多很多，我们今天就来猜猜这些自然谜吧。

好哇，好哇！我最喜欢猜谜语了。

"有时像只船，有时像只盘，你要猜不着，抬头天上看。"你猜是什么？

这个简单，是月亮！爸爸，我也有个自然谜，你来猜猜吧……

谜语猜猜猜

1 横着一条江，
夜里白茫茫，
喜鹊不搭桥，
织女望牛郎。

（银河）

2 东方有个红姑娘，
一天到晚奔跑忙，
每天五更清早起，
投下光线照四方。

（太阳）

3 金灿灿，圆滚滚，
半个浮，半个沉，
哪个能拍它，
算他本领高。

（旭日）

4 上一半，下一半，
中间有线看不见，

两头寒，中间热，
一天一夜转一圈。

（地球）

5 说个宝，道个宝，
万物生存离不了，
在你身边看不着，
越往高处它越少。

（空气）

6 天上七盏灯，
排成勺子形，
夜晚若迷路，

看它方向明。

（北斗星）

7 姓水却爱火，
成天贴着太阳跑。

（水星）

8 青石板儿石板青，
青石板上挂明灯，
若问明灯有多少，
天下无人数得清。

（星星）

9 疾如闪电，
音容莫辨，
见之一面，
祈能如愿。

（流星）

10 天上顽童，
不速来客，
土地公公，
脑壳开洞。

（陨石）

11 白天到处有，
黑夜找不到，

人人喜欢它，
万物都需要。

（阳光）

12 清清楚楚一幅画，
有树有草也有花，
别处花草梢在上，
此处花草梢朝下。

（倒影）

13 没有脚，四边走，
看不见，听得见。

（声音）

14 深山坳里有伏兵，
兵马来时闹盈盈，
兵马喊叫它也叫，
兵马停止它无声。

（回声）

15 爬之不易，
移之更难，
写之容易，
见之不难。

（山）

16 好像绿海洋，

风吹起波浪，
远望无边际，
遍地满牛羊。

（草原）

17 往日随风乱飞流，
骆驼当作一小舟，
海市蜃楼多奇景，
"四化"叫它绿油油。

（沙漠）

18 栽花种树，要我同意，
造屋修路，从我开始，
若要步行，我更献力。

（土地）

19 无风像面镜子，
落雨满脸麻子，
天热怀抱鸭子，
天冷盖上被子。

（湖）

20 一条带子长又长，
弯弯曲曲闪银光，
一头系在高山头，
一头扔进大海洋。

（河流）

21 悬崖甩下大白布，
千手万手抓不住，
轰隆轰隆如雷鸣，
疑是银河落深谷。

（瀑布）

22 一棵大树半天高，
不怕斧头不怕刀，
没有枝干没有叶，
只怕风来吹断腰。

（烟）

23 箭射没有洞，
刀砍不留痕，
雨来成碎锦，

风起现花纹。

（水）

24 大起来满山坡，
小起来像枣核，
能走千山万岭，
不能跨过小河。

（火）

25 发怒时千军万马，
平静时薄似轻纱，
一忽儿崇山峻岭，
一忽儿平地江湖。

（云）

26 既是龙，也是凤，
面前万物，无疾而终。

（龙卷风）

27 脚踏千江水，
手扬满天沙，

惊起林中鸟，
折断园中花。

（风）

28 亮光突起，
瞬息千里，
一鸣惊人，
带来风雨。

（雷电）

29 空中银光一条线，
划过宇宙和人间，
霎时跑了千万里，
眨个眼睛看不见。

（闪电）

30 一面大鼓真奇妙，
地上没有天上吊，
秋冬两季不常见，
春夏来了常放炮。

（雷）

31 大哥大声叫，
二哥把灯照，
三哥流眼泪，
四哥到处跑。

（雷、电、雨、风）

32 银线根根长又细，
上接天来下接地，
线长不能放风筝，
线细不能织布匹。

（雨）

33 一夜北风万花开，
我从天上降下来，
今宵人间住一宿，
明朝日出回天台。

（雪）

34 是花不是花，
催开万朵花，
像面不是面，

换粮万万担。

（雪花）

35 一个东西真奇怪，
生来就怕太阳晒，
太阳不晒它不湿，
越晒越是湿得快。

（冰）

36 刮西风，刮北风，
屋檐下面栽大葱，
格崩格崩赛脆梨。

（冰棱柱）

37 乘风结成疙瘩，
乌云深处为家，
出门敲锣打鼓，
狠心毁坏庄稼。

（冰雹）

38 天冷它出来，
白毛到处盖，
不怕风来吹，
就怕太阳晒。

（霜）

小神童巧应试

宋朝时，江西临川有个才子名叫晏殊，七岁便能吟诗作对，被人誉为神童。晏殊十四岁那年，有个叫张知白的朝廷大官巡视江南，他听说临川有个神童，便召其面试。经面试，他发现晏殊文思敏捷，才华非凡，于是推荐晏殊进京应考。

那年春天，晏殊与来自各地的千名举人同试。他虽年幼，却从容沉着，出口成章。真宗皇帝见了他写的文章，大加赞赏，于是召见他，并赋诗一首考其才能。诗云：

古月照水水长流，水伴古月度春秋。

留得水光映古月，碧波荡漾见泛舟。

晏殊听后略一思忖，拱手以答："敬禀万岁，此乃一个字谜，汴梁城里举目可见。"接着说出了谜底。

真宗皇帝抚掌称赞，当即御笔一挥，赐尚未到弱冠之年的晏殊为"同进士"。

你能猜出这首诗的谜底是个什么字吗？

谜底：湖。

谜语 练兵场

把谜面和对应的谜底连起来。

什么花，飘着开？	浪花
什么花，走着开？	火花
什么花，天上开？	雪花
什么花，火里开？	烟花

交通篇

趣话谜语

爸爸，您作为一名交警，肯定知道很多与交通工具相关的谜语吧。

那是自然。

那我们玩一个猜谜语游戏吧，这个游戏需要您根据词语或句子猜出交通工具。

这对我来说就是小菜一碟，快开始吧！

"哥俩一般高，出门就赛跑，老是有距离，总是追不着。"

这个简单，肯定是自行车。

还有一种您没有说出来，两轮电动车也是呀！

对对，两轮电动车也是。

"两眼像铜铃，四脚圆滚滚，
腰间生嘴巴，专吃过路人。"

这个肯定不会漏猜一个，是公共汽车。

"一只驴，真正好，专喝汽油不吃草，骑上
它就突突叫，一边放屁一边跑。"

是摩托车。

爸爸，您怎么能一下都猜出来，简直太厉害了！

想要一下子猜出来并不难，重在积累，
接下来让我们一起去学习吧！

53

谜语猜猜猜

1 小铁马，跑得猛，
执行任务一阵风，
别看头上一只眼，
遇见小沟能腾空。

（摩托车）

2 充气橡皮腿，
喝油也喝水，
送人又载货，
奔跑快如飞。

（汽车）

3 又像箱柜又像房，
六只磨盘房下藏，
物资交流它搬运，
客来匆匆又客往。

（卡车）

4 缓兵之计。

（拖斗）

5 身背大铁箱，
晴天城内忙，
尘土遇见它。
不再乱飞扬。

（洒水车）

6 看它日夜多勤劳，
大街小巷来回跑，
它一过路真清洁，
干干净净市容好。

（清洁车）

7 双辫朝着天，
上面搭着线，
马达嗡嗡响，
行驶很方便。

（电车）

8 地底下面一长廊，
石头水泥来筑墙，
一阵响声机车过，
现代交通美名扬。

（地铁）

9 尾连尾，一条龙，
头上乌云滚滚，
脚下雷声隆隆。

（火车）

10 有风站起来，
无风躺下来，
如果站起来，

大旗扯起来。

（帆）

11 陆上行，水上开，
它的速度真正快，
不是飞机和火箭，
却能架水飞起来。

（气垫船）

12 水面一座楼，
没腿四处走，
四海传友谊，
它是好帮手。

（轮船）

13 不是神仙能上天，
腾云驾雾只等闲，
高山峻岭闪身后，
百里行程一瞬间。

（飞机）

14 肚子大，尾巴小，

垂直起飞多轻巧，

背上生个大翅膀，

起落不必用跑道。

（直升机）

15 展翅高飞宇宙间，

太空大地任往返，

可放卫星或回收，

能装空中实验站。

（航天飞机）

16 有艘小船，

不下海滩，

登上月球，

宇宙勘探。

（宇宙飞船）

17 屁股一喷烟，

直奔九重天，

人造小星星，

靠它送上天。

（火箭）

18 条条巨蟒长又长，

盘山越岭跨四方，

车行万里低头看，

还没跑出蟒身上。

（柏油马路）

19 边走边谈。

（人行道）

20 奔走相告。

（跑道）

21 年年月月立水中，

不怕雨来不怕风，

只为方便大家走，

坚持日夜不收工。

（桥）

22 远看像彩虹，

近看像高楼，

人在天上走，

车在地下过。

（天桥）

水流虹下面。

（跨江大桥）

㉓ 彩虹落人间，
横跨大江边，
虹上汽车过，

㉔ 寻求真理。

（索道）

㉕ 半路让座。

（中途站）

谜语小故事

才子渡船

清朝嘉庆年间，湖北浠水县出了一名秀才，名叫陈沆，他文思敏捷，才华出众。

一年八月，他要赶赴省城参加乡试，不料刚刚走到河边，渡船已经离岸。陈沆心急如焚，连声呼唤，求艄公拨转船头，搭他同去，以免误了考期。

那艄公眯着眼朝岸边细瞧，见是位清秀俊逸的文弱书生，便笑道："岸上那位相公听了，你要上省城参加科举考试，想必有满腹诗文。老汉出个谜儿试试你，倘能猜出，就渡你过河。"说罢，大声咏歌一首："在娘家，绿影婆婆；到婆家，青少黄多，经过几多风波，受尽几番折磨。莫提起，提起泪珠洒江河。"

才思敏捷的陈沆，当即拱手回云："贤翁适才所言，乃你我求助之物也。"接着说出了谜底。

老艄公侧耳一听，点头称是，于是拨转船头返回岸边，把秀才迎上船去。

你能猜出艄公所咏为何物吗？

谜底：撑篙。

谜语 练兵场

写出下列谜语的谜底。

1 千锤万凿出深山，

烈火焚烧若等闲。

粉身碎骨浑不怕，

要留清白在人间。

（打一工业用品）

2 日夜勤劳，

街巷常跑，

垃圾扫光，

市容美好。

（打一种专用车辆）

日
用
品
篇

趣话谜语

今天下雨了，我们来玩个不一样的游戏吧！

好哇，玩什么？

我来说一个谜语，您来猜。头像鸡蛋大，腰像磨盘粗，伸着一条腿，露着肋巴骨。我说的就是我今天带的一个东西，你知道是什么吗？

哈哈，我知道！一朵花儿怪，花枝绕干排，晴天家里栽，雨天开门外。我所说的和你说的是同一个东西哟！

答对了！是雨伞。我再说一个：小白鸡，拖长尾，走一步，啄一嘴。

我知道，是"针"。

爸爸真厉害！再来一个：弟兄十个肚里空，有皮无骨爱过冬，不怕风雪不怕寒，越冷它就越有用。

嗯……是手套吧？

您怎么什么都知道哇，我再出一个难的：桥上有水桥下空，桥脚建成四边形，虽说身体没人高，人人见了要鞠躬。

哈哈哈，这可难不倒我，是脸盆架。我还知道不少谜语呢，就看你敢不敢接招了。

有什么不敢的！今天非分出个胜负不可，我们接着来……

谜语猜猜猜

1 身体玲珑，
头毛几丛，
进嘴不吃，
洁齿有功。

（牙刷）

2 看着像块糕，
不能用嘴咬，
洗衣和洗澡，
浑身出白泡。

（肥皂）

3 一块油糕真稀奇，
不咸不甜不能吃，
帮助大家搞清洁，
除污去垢最得力。

（肥皂）

4 以为在前面，
其实在后面，
以为在里面，
其实在外面。

（镜子）

5 形状不一有圆方，
背穿红衣脸光亮，
人们要想常整洁，
随时请它来帮忙。

（镜子）

6 只有腿来无胳膊，
只有脊梁无脑壳，
爱摆架子盘腿坐，
横跨鼻梁勾耳朵。

（眼镜）

7 两只小船没有帆，
十个旅客撑船走，
江河湖海过不去，
常常只在陆地游，
白天到处把船行，
晚上船只空悠悠。

（鞋）

8 兄弟俩，俩兄弟，
出出进进不分离，
起床肚子饱，
睡觉肚子饥。

（鞋）

9 头上亮光光，
出来凑成双，
背上缚绳子，
驮人走四方。

（皮鞋）

10 两排牙齿一般多，
互相交叉紧配合，
开关随意最方便，
一只舌头往来梭。

（拉链）

11 大肚哥哥没骨头，
有时胖来有时瘦，
空着肚子不会站，
吃饱让人扛着走。

（口袋）

12 十个外面裹，
十个里面躲，
冬天人人爱，
夏天箱里锁。

（手套）

13 四四方方一座城，
夜晚关门不点灯，
贼在城外乱嚷嚷，
主人安心起鼾声。

（蚊帐）

14 身高一寸兵，
通体亮晶晶，
打仗用头颈，
尾巴生眼睛。

（针）

⑮ 兄弟俩弯腰，
　个子一样高，
　一旦舞大刀，
　哥俩互相咬。

（剪刀）

⑯ 有长也有方，
　五味它都尝，
　只要别人净，
　不怕自己脏。

（抹布）

⑰ 银光壁，水晶宫，
　夹层玻璃不透风，
　火热心肠为人民，
　专把温暖给群众。

（暖水瓶）

⑱ 长颈大肚皮，
　有嘴没有腿，
　吃的是白汤，
　吐的是黄水。

（茶壶）

⑲ 长脖子，小小口。
　一肚清水坐高楼，

　数它爱打扮，
　红绿插满头。

（花瓶）

⑳ 空肚子上街，
　满肚子回来，
　又吃鱼肉，
　又吃青菜。

（菜篮）

㉑ 小小圆形运动场，
　三个选手比赛忙，
　跑的路程分长短，
　最后时间一个样。

（钟表）

㉒ 一家三代环城赛，
　赛跑规则颇奇怪，
　虽然速度不一样，
　谁也不比谁的快。

（钟表）

罗贯中以谜制谜

元朝末年，考中进士不久的施耐庵因看不惯权贵欺压百姓的行径，毅然辞去了杭州钱塘县尹的官职，回到了老家苏州。他一面教学谋生，一面根据梁山泊故事的话本写作《水浒传》。

一年春天，有位常来往苏杭的商人，因久闻施耐庵博学多才，精通诗词文史，特从家乡山西太原带了儿子罗贯中来拜师求学。

施耐庵见罗贯中年仅十四五岁，长得眉清目秀，文质彬彬，但不知他是否聪明好学，于是咏词一阕考之："云落不因春雨，吹残岂藉东风。结成一朵自然红，费尽工夫怎种？有蕊难藏粉蝶，生花不惹游蜂。夜阑人静画堂中，曾伴玉人春梦。"

熟读唐诗宋词的罗贯中岂能不知，他不假思索，拊手笑曰："敬禀尊师，待学生也吟诗一首作答。"说罢吟曰："白蛇游过清水塘，一朵莲花开岸上。"

施耐庵一听，赞不绝口，当即收他做了徒弟。

你能猜出二人所咏为何物吗？

谜底：油灯。

谜语 练兵场

读下面的谜语，猜猜谜底是什么。

哥哥倒比弟弟短，天天竞走大家看，弟弟走了十二遍，哥哥刚好跑一圈。

矮子走一步，高个走一圈，矮子走一圈，高个走半天。

天天不休息，一圈十二里，有人用着我，只看我的脸。

1 上面的谜语谜底都为：_____。

2 你还知道哪些谜语的谜底与上面几个相同？

文
体
用
品
篇

趣话谜语

小红，我们今天来玩一个与学习文具相关的谜语游戏吧！

好哇，好哇，又可以学习新知识了。

"一物果断干脆，专和黑的做对，宣传科学文化，不惜骨折身碎。"打一课堂用具。

是粉笔。

对啦！小红真聪明，看来你有好好观察粉笔的特征。

妈妈，我也给您出一个吧！

好哇，看妈妈能不能像你一样马上就能猜出来。

"是画不能挂，有人也不大，讲革命道理，越看越爱它。"

"不能挂的画，能讲道理"，说明是书籍类的东西，是连环画册。

对啦！这么难的谜语妈妈都能猜出来。

要想猜出这些谜语来其实并不难，只要好好积累就能马上猜出来。

是的，妈妈说得对，我要多学习这类的知识。

谜语猜猜猜

1 要它做事先剃头，
头不剃好就发愁，
别的心圆它心直，
学习学习不离手。

（铅笔）

2 长长舌头尖尖嘴，
说话往外流口水，
脱掉帽子才上路，
戴上帽子要歇腿。

（钢笔）

3 小小旅行家，
本领可真大，
喝上一滴水，
千里脚下滑，
起程把帽脱，
休息戴上它。

（钢笔）

4 小小孩儿真漂亮，
五颜六色身细长，
山水花鸟他能绘，
表里如一有文章。

（彩色蜡笔）

5 像糖不是糖，
有圆也有方，
帮你改错字，
劳累不怕脏。

（橡皮）

6 一物生来真新鲜，
铁腿细长脚儿尖，
一腿走路一腿站，
脚印个个圆又圆。

（圆规）

7 横着十寸长，
竖也十寸长，

你若是不信，
就请细端详。

（尺）

8 一个小石潭，
满塘烂泥巴，
飞来白天鹅，
变成黑乌鸦。

（砚）

9 四四方方一块田，
一弯乌水在中间，
黑羽鸟儿来啄食，
一撒撒向白云天。

（砚，墨）

10 世界各国在眼前，
五湖四海不通船，
高山不见一棵树，
平地没有半分田。

（地图）

11 老师不说话，
肚里学问大，
有字不认识，
快去请教它。

（字典）

12 身体不大容量大，
亿万雄兵腹为家，
古今中外来聚会，
乾坤宇宙都收下。

（书架）

13 不是台历和挂历，
历历在目有日期，
一天一张晴雨表，
大事小事都能记。

（日记本）

14 扁圆脑袋细长身，
看图看画最认真，
牢牢盯住不移动，
只见脑袋不见身。

（图钉）

15 会吃没有嘴，
会走没有腿，
过河衣不湿，
失败不加罪。

（象棋）

16 一张图，六个角，
三群小猴来赛跑，
有的走来有的跳，
比比赛赛谁先到。

（跳棋）

17 手摇哇摇，
双脚跳哇跳，
钻进城门里，
跨出草桥外。

（跳绳）

18 一个白娃娃，
二人跟他耍，
跑到谁跟前，
照头打一下。

（乒乓球）

19 远看似瓢不舀汤，
近看像扇不扇凉，
工作总是成双对，
见面就要打一仗。

（乒乓球拍）

20 一物生来真轻巧，
身长羽毛不是鸟，

没有翅膀空中飞，
落地没脚难起跳。

（羽毛球）

21 身材圆又圆，
穿着黑白衣。

（足球）

22 一个大肚皮，
生来怪脾气，
不打不吭声，
越打越欢喜。

（皮球）

23 身体圆圆肚子空，
不遇喜事不吭声，
节日游行庆胜利，
槌子越打越高兴。

（鼓）

24 木宰相做圈套，
牛魔王来坐朝，

铁将军团团转，
两光棍胡乱闹。

（腰鼓）

25 长长一条弄堂，
沿途七八小窗，
窗里一阵风起，
声音悠扬四方。

（笛子）

26 头小脚大眼睛多，
身子精悍腰不驼，
嗓子洪亮人人夸，
嘴对嘴儿唱赞歌。

（唢呐）

27 三足大怪物，
牙齿几十颗，
肚里吞钢丝，
嘴里会唱歌。

（钢琴）

28 用脚踩，用手摸，
能呼吸，会唱歌。

（风琴）

29 像只大蝎子，
抱起似孩子，
抓挠肚肠子，
唱出好曲子。

（琵琶）

谜语小故事

包公考幼子

包拯世称包公，庐州合肥（今安徽合肥）人，宋仁宗天圣年间的进士。由于他善于审理疑难案件，为官清正廉明，被百姓誉为"包青天"。

包公中年喜得一子，包氏夫妻视其为掌上明珠，倍加疼爱。

一日，任工部员外郎的包拯散朝回到官邸，领着儿子来到后花园游玩。他一边走一边给儿子讲古代名人的故事："孔子原是鲁国大贵族手下一名主管仓库的小官吏，他每日守在库房里数着数，画着记号，监督财物出入。后来，齐景公向孔子请教治理国家的办法，孔子答曰'理在节财'。"

故事讲完后，包拯为了考考儿子，编了四句诗谜："一宅分成两院，五男二女当家，两家打得乱如麻，打到清明方罢！"并对儿子说明，"孔老夫子在世之日，尚无此物，现在到处可见。"

聪明的儿子并未直接回答父亲的考问，而是天真一笑，也吟诗一首："古人留下一座桥，一边多来一边少，少的要比多的多，多的反比少的少。"

包拯一听，乐得直捋胡须。

你能猜出父子俩所吟为何物吗？

谜底：算盘。

74

谜语 练兵场

一、将下列谜语和谜底连起来。

大腹便便		圆规
碧空繁星		腰鼓
进门就胜		足球
婉言相劝		围棋盘

二、写出下面谜语的谜底。

① 说来也奇怪，

有毛不是鸟，

无翅空中飞，

无腿脚上跳。

（打一体育用品）

② 小小身体不算长，

黑皮黑肉黑衣裳，

跳入黑盆转几圈，

只见短来不见长。

（打一文化用品）

参考答案

字谜篇

日月各西东——明；
人在草木中——茶；
功过各一半——边；
斩草不除根——早；
报喜不报忧——诘

词语篇

1. 三句话不离本行
2. 心有余而力不足
3. 漂亮
4. 方针
5. 着实
6. 打得火热

成语篇

1. 自 2. 奋 3. 勇 4. 告
成语：自告奋勇

植物篇

1. 冬瓜，南瓜，西瓜，北瓜
2. 方位，季节

动物篇

穿、锦、衣
戴、红、花
叫、一、声
惊、万、家
这种动物是：鸡。

自然篇

什么花，飘着开？——雪花
什么花，走着开？——浪花
什么花，天上开？——烟花
什么花，火里开？——火花

交通篇

1. 石灰   2. 吸尘车

日用品篇

1. 谜底：钟
2. 谜语：此物不停休，只知
使劲走，要问路多远，永远
没有头。

文体用品篇

一、
大腹便便——腰鼓
碧空繁星——围棋盘
进门就胜——足球
婉言相劝——圆规
二、
1. 毽子
2. 墨块